交通土建类专业来华留学生专用教材
跟我学铁路系列丛书

隧 道 工 程
Tunnel Engineering

丛书主编　井国庆
主　　编　傅金阳　王树英
　　　　　阳军生　闫　斌

中国建材工业出版社
北　京

图书在版编目（CIP）数据

隧道工程 / 傅金阳等主编 . - 北京：中国建材工业出版社，2023.9

（跟我学铁路系列丛书 / 井国庆主编）

ISBN 978-7-5160-3810-9

Ⅰ. ①隧… Ⅱ. ①傅… Ⅲ. ①隧道工程 Ⅳ. ①U45

中国国家版本馆 CIP 数据核字（2023）第 148273 号

内容简介

本书共十章，依次介绍了隧道工程的基本概念、类型及发展历程，隧道工程的规划、设计、施工、运维方面的基本理论和技术，重点介绍了隧道工程勘察和围岩分级、位置选择与线路设计、主体建筑结构与附属设施、衬砌结构力学分析、施工方法与支护技术、辅助施工措施与作业技术，并对运营隧道的养护与维修技术做了简略介绍。

本书适合土木交通相关专业来华留学生及教师参考使用，也可以作为了解土木交通相关知识的科普图书。

隧道工程

SUIDAO GONGCHENG

主编　傅金阳　王树英　阳军生　闫　斌

出版发行：中国建材工业出版社
地　　址：北京市海淀区三里河路 11 号
邮　　编：100831
经　　销：全国各地新华书店
印　　刷：北京雁林吉兆印刷有限公司
开　　本：710mm×1000mm　1/16
印　　张：10.75
字　　数：210 千字
版　　次：2023 年 9 月第 1 版
印　　次：2023 年 9 月第 1 次
定　　价：39.80 元

本社网址：www.jccbs.com，微信公众号：zgjcgycbs
请选用正版图书，采购、销售盗版图书属违法行为
版权专有，盗版必究。　本社法律顾问：北京天驰君泰律师事务所，张杰律师
举报信箱：zhangjie@tiantailaw.com　　举报电话：(010)57811389
本书如有印装质量问题，由我社市场营销部负责调换，联系电话：(010)57811386

《跟我学铁路系列丛书》
编 委 会

丛书主编： 井国庆（北京交通大学 教授）

编　　委：（按姓氏笔画排序）

马仁听（广州铁路职业技术学院 院长）

朱小辉（包头铁道职业技术学院 院长）

任利成（山西铁道职业技术学院 院长）

刘彦青（北京交通大学国际教育学院 院长）

姚方元（湖南高速铁路职业技术学院 院长）

徐长节（华东交通大学 校长）

焦胜军（陕西铁路工程职业技术学院 党委书记）

童芸芸（浙江科技学院国际教育学院 院长）

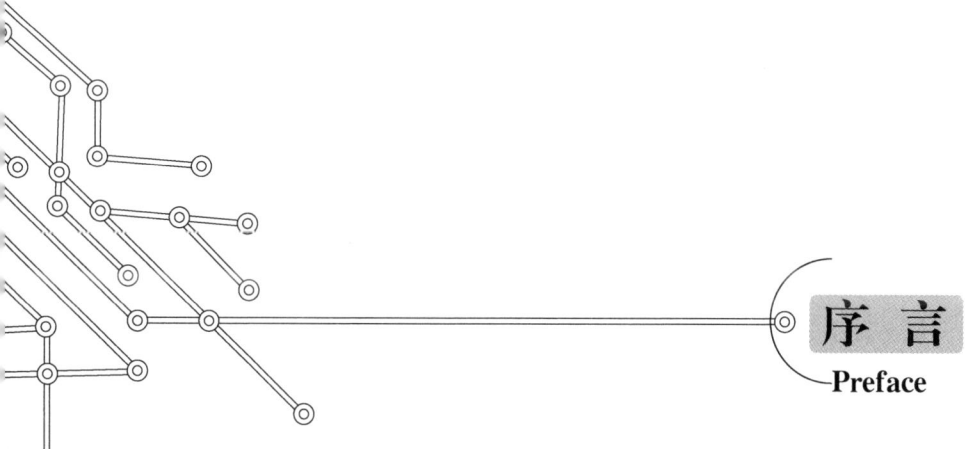

序 言
Preface

2023年是"一带一路"倡议提出十周年，《跟我学铁路系列丛书》（简称《丛书》）出版是一件喜事。

从事来华留学教育管理工作20年来，恰逢中国留学教育快速发展阶段，我非常幸运地参与并见证了北京交通大学轨道交通国际教育的发展壮大。随着中国铁路走出去，以及高铁名片影响力不断增大，学习铁路相关专业的留学生越来越多。学校建设了高铁双语教学虚拟现实实践平台，以满足学生对铁路相关词汇和知识的学习，但浅显易懂、图文并茂，能体现实用性、先进性的系列教材还是空白。

近年来，随着采用中国设备、中国标准、中国管理等不同模式的多条铁路进入运行，如亚吉铁路、蒙内铁路、雅万高铁等，铁路各专业人才的培养与培训需求增加，也将进一步推动相关教材的建设。

《丛书》既可以作为有汉语基础的人士快速学习铁路知识的自学教材，又可以作为对外汉语教师编写铁路专业汉语教材的参考书目，也可以用于海外企业员工的基本能力培训，还可以成为海外企业中国员工与本土员工共同学习及交流的媒介。

《丛书》一定会为从事铁路相关专业的人士所喜爱，成为中国铁路走出去的一座知识桥梁，为"一带一路"建设做出贡献。

北京交通大学国际教育学院　院长

2023年4月

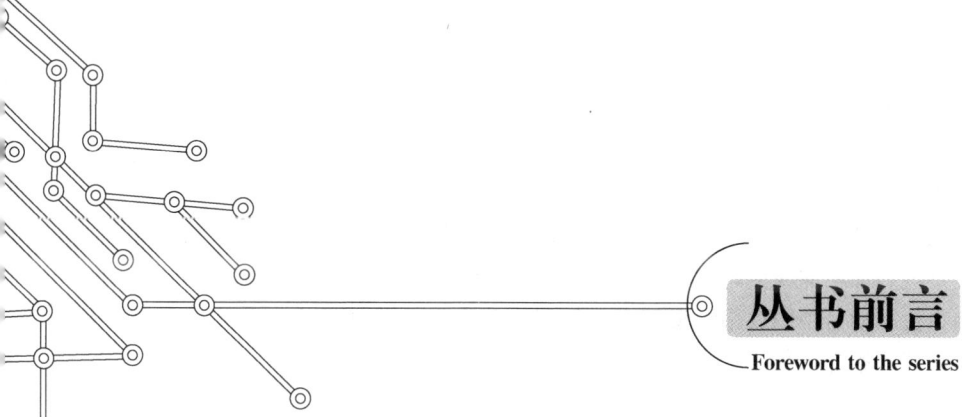

丛书前言
Foreword to the series

自2013年中国提出"一带一路"倡议以来，共建"一带一路"倡议得到越来越多的国家和国际组织的积极响应，影响力日益扩大。中国与"一带一路"共建国家以政策沟通、设施联通、贸易畅通、资金融通、民心相通为重点，把理念转化为行动，把愿景转化为现实，不断造福共建国家和人民。

2023年是"一带一路"倡议提出十周年，恰逢这一重要时刻，《跟我学铁路系列丛书》付梓，令人心情激动。铁路在"一带一路"设施互联互通中，发挥了至关重要的基础性和先导性作用，深受共建国家的欢迎和期待。十年来，以中老铁路、中泰铁路、匈塞铁路、雅万高铁等合作项目为重点的区际、洲际铁路网络建设取得重大进展。泛亚铁路、巴基斯坦铁路、中吉乌铁路、中国—尼泊尔跨境铁路、中欧班列等合作取得积极进展。据测算，铁路合作直接催生的人才培养和培训需求超过30万人。

来自"一带一路"共建国家的留学生来华学习铁路知识的热情持续高涨，北京交通大学已成为接收相关留学生的重要基地。自1996年开始，学校已为蒙古国培养了400多名专业留学生。100名肯尼亚留学生通过四年本科专业学习，回国后直接服务蒙内铁路（蒙巴萨至内罗毕铁路，由中国帮助肯尼亚建设，于2017年通车运营）的运维。马来西亚政府公务员管理局全额资助300名本国学生来校完成本科双学位学习，以服务马来西亚东海岸铁路项目的建设与后期运营管理。

在留学生培养过程中，我发现除蒙古国留学生外，其他国家的留学生大都采用英文教学，由于欠缺专业中文方面的学习衔接，导致他们对中国铁路的学习和后续的继续教育存在不足。这些留学生虽然通过了中国的汉语水平（HSK）考试，但是对铁路专业词汇了解得还不够深入，急需在其进入专业学习阶段之前，对铁路的基本词汇有所理解和掌握。这也是我十年前萌生组织编写本套丛书的初衷。

语言是连接不同文化的纽带，希望来华留学生能借助《跟我学铁路系列丛书》等专业资料，源源不断地学习中国铁路的技术和管理并付诸实践，与中国铁路工业界保持紧密联系和合作，服务于各国的铁路事业。

本丛书主要作为交通土建类相关专业来华留学生的专用教材，同时适用于中国铁路"走出去"后本土化员工的培训和学习。为了更好地服务海外学员，我们还将与企业合作开发专业的应用程序（App），也计划通过版权合作、版权转让等方式，直接将本丛书推广到海外发行。

中国铁路技术的发展一日千里，铁路国际合作大踏步前行。我们深知本丛书还有一些不成熟和不完善的地方，希望读者或者使用教材的老师不吝赐教。让我们化知识为力量，助力中国铁路纵横四海，践行人类命运共同体理念，更好服务"一带一路"共建国家的人民。

北京交通大学　教授

井国庆

2023年4月

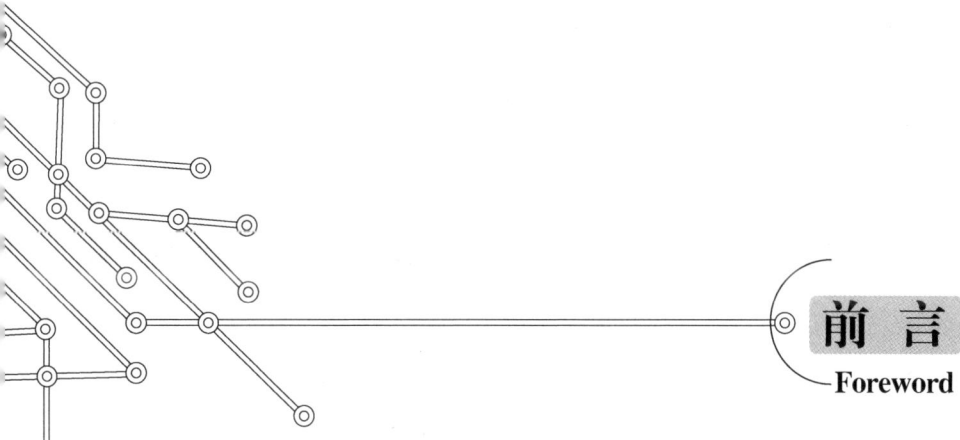

前言
Foreword

隧道工程是我国基础设施建设的重要组成部分，也是我国土木交通领域重大工程需求牵引的重要技术领域之一。近年来，我国隧道工程建设取得了举世瞩目的成就，隧道工程建设需求激增和建造技术的进步推动我国从"隧道大国"向"隧道强国"快速转型。可以预见，随着我国"一带一路"倡议、"交通强国"和"铁路走出去"战略等政策的实施，隧道工程在铁路建设中的地位越来越重要、线路长度占比越来越高、地质环境也越加复杂多变。这不仅使隧道工程在勘察、设计、施工和运维等方面面临巨大的发展机遇和挑战，也对系统性掌握隧道工程建造、养护与维修技术知识的人才提出了新的要求。

随着以匈塞铁路、莫喀高铁、中老铁路、中泰铁路、雅万高铁等国际合作项目为重点的区际、洲际铁路网络建设取得重大进展，泛亚铁路东线、巴基斯坦1号铁路干线升级改造，以及中吉乌铁路、中尼跨境铁路等项目的积极推进，我国隧道工程逐步走向国际化。大量国际化隧道工程的建设和管理的发展，急需培养一批具有国际化知识体系与视野的隧道工程建设和管理人才。然而，当前专业课程双语教学、来华留学生教学和对外汉语教学中，隧道工程课程缺乏系统的中英文对照专业知识学习材料，所用教材和培养过程缺乏隧道工程专业英语的内容，更缺乏具有汉英词汇对照的参考教材，不利于纳入中国标准的隧道工程专业知识传授和汉语文化传播，不利于我国高等院校适应"一带一路"倡议和"铁路走出去"战略背景的土木工程人才。

因此，为提升隧道工程国际化人才培养的教学效果，本书介绍了隧道工程基本知识体系，收录了常见专业词汇汉英对照素材。本书可供承担着国际合作者（来华留学生）、铁路培训者（铁路国外委培生）、铁路兴趣者（海外工作者）等学生和学员的教学、培训工作的铁路高等院校作为教材使用，也可供国内土木、水利、城市地下空间与轨道交通专业学生作为隧道工程课程的双语教材使用，以期为推动"一带一路"高质量发展和培养国际化工程人才提供助力。

本书由中南大学傅金阳、王树英、阳军生、闫斌主编。中南大学张学民教授、雷明锋教授、王薇副教授给本书提出了很多宝贵的审阅意见，中南大学土木工程学院隧道工程系诸多研究生参与了书稿的资料收集、插图制作和文字整理工作，在此一并表示衷心的感谢。

本书涉及的专业技术与知识仍在不断发展更新，隧道及地下工程技术发展迅速，由于编者水平有限，书中难免存在疏漏和不足之处，欢迎专家和读者批评指正。

编　者

2023年4月

目录 Contents

第一章 绪论 Introduction ······ 1
- 第一节 基本概念（Basic Definition） ······ 1
- 第二节 隧道的分类（Type of Tunnels） ······ 1
- 第三节 隧道工程发展概况
  （Development of Tunneling Technology） ······ 3
- 第四节 隧道工程的功能与特点
  （Function and Characteristic of Tunnel Engineering） ······ 5

第二章 隧道工程勘察和围岩分级
Survey and Classification of Surrounding Rock ······ 11
- 第一节 隧道工程勘察（Tunnel Engineering Survey） ······ 11
- 第二节 隧道围岩稳定性（Tunnel Surrounding Rock Stability） ······ 13
- 第三节 隧道围岩分级
  （Classification of Tunnel Surrounding Rock） ······ 16
- 第四节 隧道工程不良地质（Bad Geology of Tunnel Engineering） ······ 21

第三章 隧道位置选择与线路设计
Tunnel Location and Alignment Design ······ 31
- 第一节 隧道工程位置选择（Location Selection） ······ 31
- 第二节 隧道洞口位置的选择
  （Location Selection of Tunnel Entrance） ······ 37
- 第三节 隧道线路设计（Tunnel Alignment Design） ······ 37

第四章 隧道主体建筑结构 Tunnel Main Structures ······ 42
第一节 隧道限界与净空（Limit and Clearance of Tunnel）······ 42
第二节 隧道曲线段加宽（Widening of Tunnel Curve Section）······ 44
第三节 隧道衬砌断面设计（Tunnel Lining Section Design）······ 47
第四节 衬砌结构类型（Type of Lining Structure）······ 48
第五节 隧道洞口结构（Tunnel Portal Structure）······ 50

第五章 隧道附属结构与设施 Tunnel Auxiliary Structure and Facilities ······ 60
第一节 概述（Introduction）······ 60
第二节 隧道附属洞室（Tunnel Auxiliary Structure）······ 60
第三节 运营通风设施（Ventilation Facilities）······ 62
第四节 运营照明设施（Operating Lighting Facilities）······ 65
第五节 防排水设施（Waterproof and Drainage Facilities）······ 67
第六节 防灾救援设施
（Disaster Prevention and Rescue Facilities）······ 69
第七节 电力及通信设施
（Electricity and Communication Facilities）······ 69

第六章 隧道衬砌结构受力分析与计算
Calculation and Analysis of Tunnel Lining Structure ······ 73
第一节 隧道衬砌结构受力特点
（Mechanical Characteristics of Tunnel Lining Structure）······ 73
第二节 结构力学计算方法
（Calculation Method Based on Structural Mechanics）······ 74
第三节 岩体力学计算方法
（Calculation Method of Rock Mechanics）······ 87
第四节 隧道结构抗震计算
（Seismic Calculation of Tunnel Structure）······ 90

第七章 隧道施工方法与支护技术
Tunnel Construction Method and Supporting Technology ······ 95
第一节 钻爆法（Drilling and Blasting Method）······ 95
第二节 盾构法（Shield Method）······ 104
第三节 掘进机法（Tunnel Boring Machine Method）······ 107
第四节 明挖法（Open-cut Method）······ 109

第五节　沉管法（Immersed Tube Method） ………………… 110

第六节　洞口段与明洞施工

（Construction of Portal Section and Open-cut Tunnel）………… 110

第八章　隧道辅助施工措施与技术
Tunnel Auxiliary Construction Measures and Technology ……………… 115

第一节　超前地质预报（Advanced Geological Forecast）………… 115

第二节　超前支护与加固措施

（Advance Support and Reinforcement Measures）……………… 117

第三节　隧道施工监控量测

（Tunnel Construction Monitoring and Measurement）………… 124

第九章　隧道施工辅助作业技术
Auxiliary Operation in Tunnel Construction ……………… 131

第一节　隧道施工辅助坑道

（Auxiliary Adit for Tunnel Construction）………………… 131

第二节　隧道施工通风与防尘

（Ventilation and Dust-proof in Tunnel Construction）………… 134

第三节　隧道施工供排水

（Construction Water Supply and Drainage）………………… 136

第四节　隧道施工供电与照明

（Power Supply and Lighting in Tunnel Construction）………… 138

第十章　运营隧道的养护与维修技术
Maintenance and Repair Technology for Operating Tunnel …………… 142

第一节　隧道结构常见病害

（Common Diseases of Tunnel Structure）…………………… 142

第二节　运营隧道检测技术

（Detection Technology for Operating Tunnel）……………… 144

第三节　隧道的养护与维修（Maintenance and Repair for Tunnel）… 147

参考文献 References ……………………………………………… 153

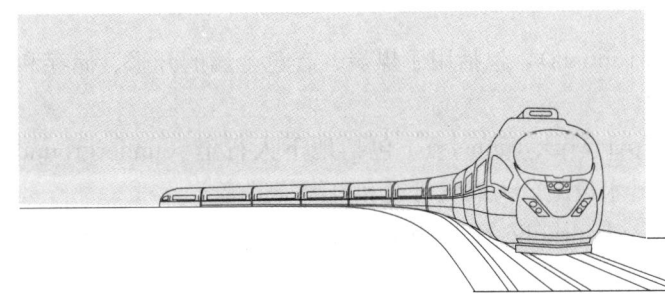

第 一 章

绪 论
Introduction

隧道及地下工程（tunnel and underground engineering）是指从事研究和建造各种隧道及地下工程的规划（planning）、勘测（survey）、设计（design）、施工（construction）和养护（maintenance）的一门应用科学（applied science）和工程技术（technology），是土木工程（civil engineering）的一个分支。

第一节 基本概念（Basic Definition）

隧道（tunnel）是一种修建在地下，两端有出入口，供车辆（vehicles）、行人（pedestrians）、水流（water flow）及管线（pipelines）等通过的通道（passageway）。

隧道的构造及设施（facilities of a tunnel）包括洞门（portal）、围岩（surrounding rock）、衬砌（lining）、避车洞（refuge hole）、照明设施（lighting facilities）、防排水设施（waterproof and drainage facilities）、通风系统（ventilation system）、消防与报警设备（fire fighting and alarm equipment）。其中洞门、围岩和衬砌属于主体建筑，其他属于附属设施。

第二节 隧道的分类（Type of Tunnels）

隧道的种类繁多，从不同的角度来区分，就有不同的分类方法。按照隧道的用途可以有以下几种分类。

（1）交通隧道（transportation traffic tunnels），包括铁路（railway）隧道、公路（highway）隧道、地下铁道（subway）、水底隧道（underwater tunnel）、

人行地道。

(2) 矿山隧道 (mining tunnels), 包括用于煤炭、有色金属的开采、储存和生产的地下矿井和巷道工程。

(3) 市政隧道 (municipal work tunnels), 包括地下人行道 (underground walkways)、地下商场、给排水设施、天然气管道和电缆管道等。

(4) 水利水电工程隧道 (hydraulic or hydropower tunnels), 包括地下发电厂以及其他各种水工隧道等。

(5) 军工与人防工程 (military industry and civil air defense works), 包括各种国防坑道、地下厂房和仓库、地下核试验场、防空洞、核废料的储存等。

按隧道经过的地层 (strata) 可以分为岩石 (软、硬) 隧道和土质隧道。按所处位置 (location) 可以分为山岭隧道 (mountain tunnel)、城市隧道 (urban tunnel) 和水底隧道 (underwater tunnel)。按施工方法 (construction method) 可以分为钻爆法隧道 (drilling-blasting tunnel)、明挖法隧道 (open-cut tunnel)、机械法隧道 (mechanized tunnel)、沉埋法隧道 (submerged tunnel)。按断面形状 (section shape) 分为圆形隧道 (circular tunnel)、矩形隧道 (rectangular tunnel) 和马蹄形隧道 (horseshoe shape tunnel)。

根据国际隧道协会 (ITA—International Tunnel Association) 的定义数值可以将隧道按开挖断面大小进行分类见表1-1。

表1-1 隧道按开挖断面大小进行分类

(tunnels classified by section size)

隧道断面面积 (m^2)	>100	50~100	10~50	3~10	<3
隧道类别	特大断面	大断面	中等断面	小断面	极小断面

山岭隧道按长度可以按照表1-2和表1-3进行分类。

表1-2 铁路山岭隧道按长度进行分类

(railway mountain tunnels classified by length)

隧道长度 (m)	$L>10000$	$3000<L\leqslant10000$	$500<L\leqslant3000$	$L\leqslant500$
隧道类别	特长隧道	长隧道	中长隧道	短隧道

表1-3 公路山岭隧道按长度进行分类

(highway mountain tunnels classified by length)

隧道长度 (m)	$L>3000$	$1000<L\leqslant3000$	$500<L\leqslant1000$	$L\leqslant500$
隧道类别	特长隧道	长隧道	中长隧道	短隧道

第三节 隧道工程发展概况
(Development of Tunneling Technology)

一、隧道工程发展历史(History of Tunneling)

1. 国际(International)

(1) 古代(ancient time)

公元前2180—2160年,在古巴比伦城幼发拉底河下修筑的人行隧道(underpass),是迄今已知的最早用于交通的隧道,长190m。在古罗马时代(公元前后),利用棚架支护(scaffold support)和卷扬提升(winch lifting)开挖了数量较多的军用隧道(military tunnel)和水工隧道(hydraulic tunnel),开挖方法是火烧开挖面,烧热后急速泼冷水使岩石开裂。

(2) 现代(modern time)

火药的发明和19世纪产业革命促进了现代隧道开挖技术的出现,尤其是铁路的出现对隧道开挖技术的发展起到了很大的推动作用。采用现代技术修建的第一座用蒸汽机车(steam locomotive)牵引的铁路是1826—1830年在英国利物浦至曼彻斯特的铁路,其中隧道全长1190m。火药的改进和钻眼工具的研制,促使隧道修建技术显著提高,其中比较有影响的是1898年建成的穿越阿尔卑斯山的辛普郎隧道(Simprang tunnel)。第一次应用了TNT炸药——硝化甘油(nitroglycerin)和凿岩机(drilling machine)。表1-4列出部分目前世界上最长的交通隧道。

表1-4 部分目前世界上最长的交通隧道(some of the longest traffic tunnels in the world)

隧道类型	隧道名称	长度(km)	建设年份
山岭铁路隧道	瑞士圣哥达基线隧道 (Gotthard Base Tunnel, Switzerland)	57.10	2016
	瑞士勒奇山隧道 (Lech Mountain Tunnel, Switzerland)	34.58	2007
	中国新关角隧道 (China Xinguanjiao Tunnel)	32.65	2014
交通海峡隧道	日本的青函隧道 (Seikan Tunnel in Japan)	53.85	1985
	英法海峡隧道 (Channel Tunnel)	50.45	1994
公路隧道	挪威的洛达尔隧道 (Lodar Tunnel in Norway)	24.51	2000
	日本的山手隧道 (Yamate Tunnel in Japan)	18.20	2010/2015

2. 国内(In China)

(1) 古代

在中国春秋时代《左传》就有"掘地及泉,隧而相见"的记载。封建时期各个朝代的帝王坟墓陵寝（tombs of the emperors）均修在地下。中国最早用于交通的隧道为"石门"隧道，位于今陕西省汉中县褒谷口内，建于东汉明帝永华九年。17世纪初宋应星所著《天工开物》是中国最早的记载地下工程方面的典籍。它详细记载了竖井（shaft）采煤法。

（2）近代

中国最早的用于交通的隧道是台湾省的狮球岭隧道，建于1887至1891年，轨距为1067mm，长261.4m，位于台北—基隆线上。近代完全由中国人自行设计和修建的隧道是詹天佑负责设计的八达岭隧道（Badaling tunnel）。

（3）现代（截至2020年年底）

中国现在已建成的最长普通铁路隧道为新关角隧道，总长为32.69km，也是世界最长的高海拔隧道。已建成的最长高速铁路隧道为太行山隧道，长20.84km，为石家庄至太原铁路客运专线的一部分。中国目前已建成的最长公路隧道为秦岭终南山隧道，长18.40km，为双洞高速公路隧道（expressway twin tunnel）。

二、技术发展（Development of Technology）

1. 国际

隧道工程的长度标志着一个国家发展的水平。近些年来，世界隧道工程技术发展较快，建成了多项宏伟的隧道工程，其中57km长的瑞士圣格达山底铁路隧道是世界上最长的铁路隧道，于2016年建成通车。此外，还有一批超长跨境隧道工程正在建设，如长55km、连接意大利和奥地利的布伦纳山底隧道，长57km、连接法国和意大利的仙尼斯峰山底铁路隧道，长18km、连接丹麦和德国的费马恩海峡沉管隧道等，皆为世界级隧道工程。隧道工程不仅规模越来越宏大，其工程技术也朝着更加安全、经济、绿色和艺术等方向发展，在理论研究、工程设计、节能减排、新材料应用等诸多领域均有着明显进步。

2. 国内

（1）铁路隧道的建造（construction of railway tunnels）

20世纪50年代中国隧道建设主要使用的设备为风钻（pneumatic drill）和小型装渣机（small ballast loading machine）。期间建成的代表性的隧道为川黔线凉风垭隧道，全长4270m，建造速度为25km/年。在20世纪60年代使用的设备有钻孔台车（drilling trolley）和装渣运输机（muck conveyor）。期间建成的代表性的隧道为成昆线沙木拉打隧道，全长6383m，建造速度为52km/年。70年代建成的隧道为京原线的驿马岭隧道，长7032m，建造速度为110km/年。到了80年代，使用的设备为大型全液压钻孔台车（large hydraulic drilling rig）、大型装渣机（large ballast loading machine）、模板台车（template trolley）、混凝土输送泵和运输车（concrete pump and truck）、喷锚支护（spray anchor support）等，采用信息化施工管理（information construction management）手段，建成的具有代表性的隧道为大瑶山隧道（14295m）和军都山隧道（8460m）。在 20 世纪 90 年代，中国开始引进隧道掘进机（tunnel boring machine，TBM），期间建成的典型隧道为秦岭隧道（18456m）和米花岭隧道（9392m）。

21 世纪以来，中国先后建成了国内工期最短的超长隧道（ultra-long tunnel）乌鞘岭隧道，全长 22.050km；世界最长的高原隧道（plateau tunnel）新关角隧道，长 32.645km，海拔高度 3344m 以上；最长的高速铁路隧道（high-speed railway tunnel）太行山隧道，长 27.839km；中国首座水下盾构（underwater shield）高铁隧道（广深港客运专线）狮子洋隧道，长 10.8km。

中国目前运营铁路隧道 8000 多座，总长超过 4500km。目前中国隧道比重高的几条铁路干线包括宜万线隧道占比为 58.0%，为世界最高；襄渝线隧道占比为 34.3%，成昆线隧道占比为 31.6%。

（2）公路隧道的建造（construction of highway tunnels）

中国公路隧道在早期主要是一些短小隧道，总长不到 100km。1960 年，上海黄浦江打浦路水底公路隧道，采用盾构法修建，直径 10.2m，长 1322m。改革开放以后随着高等级公路（high-grade highway）的修建，隧道才越来越长。近十多年来，公路隧道的建造也取得了迅猛发展，每年都有 10 座以上的隧道建成。

目前（截至 2020 年年底）中国已建成 21316 余座公路隧道，总长度已超过 21999.3km。特长隧道 1394 座、长 6235.5km，长隧道 5541 座、长 9633.2km。较著名的公路隧道有：二郎山隧道，长 4160m，海拔 2200m；华蓥山隧道（双洞），长度分别为 4705m 和 4686m；中梁山隧道，长 3560m。已建成的最长公路隧道为秦岭终南山隧道，长 18.4km。

三、发展趋势 (Development Tendency)

隧道工程的发展趋势为：向超长（super long）发展，向大断面（large section）、多层（multi-layer）发展、向水下（underwater）发展，向城市（city）发展，向机械化（mechanization）发展，向信息化（informatization）发展。

第四节 隧道工程的功能与特点
(Function and Characteristic of Tunnel Engineering)

一、隧道工程的功能 (Function of Tunnel Engineering)

1. 克服高程障碍 (Overcome Barriers in Elevation)

在线路翻越山岭地段，通过修建隧道可减少展线长度，使线路平直。这是山岭交通隧道的最大功能，一般把这种隧道称为越岭隧道，如图 1-1 所示。

2. 裁弯取直——缩短线路 (Shorten the Line)

在线路沿河谷绕行时，为避免不良地质地段，如滑坡（landslide）等，用隧

图 1-1 克服高程障碍 (overcome barriers in elevation)

道来裁弯取直时,可缩短线路长度。这种隧道一般称为傍山隧道 (hillside tunnel) 或河谷隧道 (river valley tunnel),如图 1-2 所示。

图 1-2 裁弯取直 (cut excavation and straight the line)

3. 避开不良地质地段 (Avoid Unfavorable Geological Areas)

对于容易发生塌方 (collapse)、掉石 (falling stone)、泥石流 (mudslide)、滑坡等病害地段,修建隧道可大大改善运营条件,保证行车安全,节省养护维修费用 (maintenance costs)。如图 1-3 所示,当一条线路有可能从滑坡地段通过时,可把线路进行调整并重新规划,修建隧道避开滑坡地段。

4. 避开其他重要建筑或工程 (Avoid Other Important Buildings or Projects)

隧道的建设需避开重要建筑或工程,例如:

(1) 与公路、城市主干道的交叉处;

(2) 穿越城区的重要建筑物 (图 1-4);

图 1-3 隧道避开滑坡地段
(using tunnel to avoid the landslide)

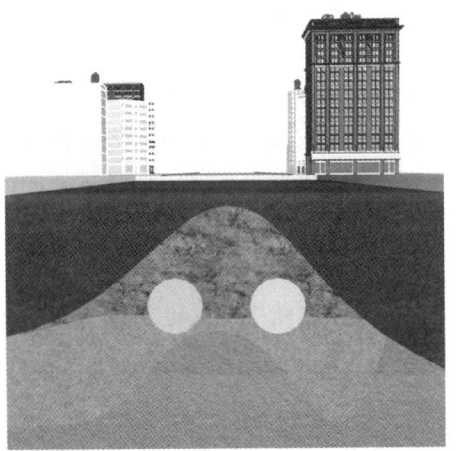
图 1-4 隧道穿越城区重要建筑物
(tunnels cross important buildings in the urban area)

(3) 穿越城区的重要风景、园林区域；

(4) 大型水利枢纽工程（large scale water control projects）等。

二、隧道工程的特点 (Characteristics of Tunnel Engineering)

1. 优点 (Advantage)

(1) 缩短线路长度（shorten the line length），减少能耗（reduce energy consumption）。

(2) 节约土地（save land）

随着人口的不断增长，土地越来越宝贵。尤其是在城市，土地价格不断上涨，是现在世界上很多城市的建筑向地下发展的原因之一。科技的发展促进了人类开拓两个新的领域：一个是宇宙空间（cosmic space），另一个是地下空间（underground space），也就是"上天入地"，因此，隧道工程将会起到越来越重要的作用。

(3) 利于保护环境（conducive to protecting environment）

隧道工程建造有利于国民经济的可持续发展（sustainable development）。当今世界面临人口爆炸、土地退化、资源短缺、生态变坏、气候异常、环境恶化等问题，人类赖以生存的地球已不堪重负（overburdened），各国都把地下空间当成一种新型国土资源（new-style land resources）来看待。

(4) 应用范围广泛（wide range of applications）

2. 缺点 (Disadvantage)

(1) 造价较高（higher cost）

由于隧道是修建在地下的建筑物,所以工程量(engineering quantities)和造价(cost)比其他建筑结构都要高,一般是普通线路的8～10倍左右。目前中国单线铁路隧道的造价为2万～3万元/m,双线约3万～4万元/m;公路隧道的造价大约与双线铁路隧道的造价相当。

(2)施工期限长(long construction period)

由于修建隧道时场地狭小(narrow construction site),工作流程环节(workflow links)较多,施工工序(construction procedures)多,工程量大,往往成为一条线路中的关键工程(key projects)。

(3)施工作业环境和条件较差(poor construction environment and conditions)

因为隧道建造是地下作业,工作面(working face)狭小、光线暗、空气潮湿、劳动条件差,因此,发展机械化施工(mechanized construction)是改善工人劳动条件、提高劳动生产率(labor productivity)的唯一途径。

总而言之,随着隧道工程施工技术(construction technology)、隧道掘进机(tunnel boring machine)与盾构装备(shield tunneling equipment)的不断发展,隧道工程的优点越来越凸显,其缺点也得到明显改善。随着人们对安全高效交通(safe and efficient traffic)出行的需求越来越高,隧道工程是未来基础设施建设的重要方向。

专业词汇汉英对照(Glossary)

专业词汇	拼音	英文
隧道	suìdào	tunnel
地下工程	dìxià gōngchéng	underground engineering
规划	guīhuà	planning
地层	dìcéng	strata
设计	shèjì	design
施工	shīgōng	construction
养护	yǎnghù	maintenance
围岩	wéiyán	surrounding rock
衬砌	chènqì	lining
山岭隧道	shānlǐng suìdào	mountain tunnel

续表

专业词汇	拼音	英文
城市隧道	chéngshì suìdào	urban tunnel
水底隧道	shuǐdǐ suìdào	underwater tunnel
圆形隧道	yuánxíng suìdào	circular tunnel
矩形隧道	jǔxíng suìdào	rectangular tunnel
马蹄形隧道	mǎtíxíng suìdào	horseshoe shape tunnel

思考题（Questions）

(1) 隧道有哪些种类？它们的作用是什么？

(2) 交通隧道工程的主要功能和特点是什么？

(3) 隧道及地下工程设计与施工中应注意的问题有哪些？

拓展阅读（Extensive Reading）

(1) 高速铁路隧道

截至 2020 年年底，中国已投入运营的高速铁路总长约 3.7 万 km，已投入运营的高速铁路隧道 3631 座、总长 6003km，其中特长隧道 87 座、总长 1096km。中国正在建设的高速铁路隧道 1811 座、总长约 2750km，如西延客专新延安隧道（16km）、郑万客专小三峡隧道（18.954km）、渝黔客专白马山隧道（13.407km）等；近两年新增运营的高速铁路隧道 603 座、总长 1127km，如银西客运彬县隧道（14.251km）、京沈客专梨花顶隧道（12.245km）、太焦客专太谷隧道（11.497km）等。截至 2020 年年底，中国规划的高速铁路隧道 3525 座、总长约 7966km。

(2) 铁路隧道

截至 2020 年年底，全国在建铁路隧道共 2746 座、总长 6083km；规划建设铁路隧道 6354 座、总长 16255km。中国铁路营业里程已达 14.5 万 km，其中投入运营的铁路隧道 16798 座、总长为 19630km，近两年新增运营的铁路隧道 1681 座、总长 3299km，相比于前两年分别同比增长了约 66% 和 49%。

(3) 公路隧道

截至 2020 年年底，中国的特长隧道 1394 座、总长 6235.5km，长隧道 5541 座、总长 9633.2km。等级以上运营公路上的隧道有 21316 座、总长约

21999.3km。近两年新增运营的公路隧道 3578 座，总长 4763km，相比于前两年分别同比增长约 40% 和 49%。中国已投入运营的最长公路隧道是位于陕西省的终南山隧道，长 18.02km；在建的最长公路隧道是天山胜利隧道，长 22.11km。

(4) 地铁隧道

截至 2020 年年底，有 57 个城市在建城市轨道交通，线路总长 6797.5km，其中地铁隧道 5662.2km，占比 83.3%。截至 2020 年年底，中国共计有 38 个城市开通运营地铁线路 182 条，总长约 6280.8km；近两年新增运营地铁隧道总长约 1927km，相比前两年同比增长约 62%。

(5) 水工隧洞

截至 2020 年 7 月，中国已累计开工重大水利工程共 146 项，在建投资规模超过 1 万亿元。同期，中华人民共和国国务院围绕防洪减灾、水资源优化配置、水生态保护修复等，研究部署了 2020—2022 年规划建设的 150 项重大水利工程。

第 二 章

隧道工程勘察和围岩分级
Survey and Classification of Surrounding Rock

第一节 隧道工程勘察 (Tunnel Engineering Survey)

一、隧道工程勘察的内容 (Contents of Tunnel Engineering Survey)

隧道工程勘察时应进行如下自然地理 (physical geography) 概况调查：

(1) 地形资料收集 (topographic data collection)，比例尺为 1/50000～1/25000 的地形图主要用于线路规划 (route planning)，比例尺 1/5000～1/1000 的地形图主要用于隧道方案的比选。重要的长大隧道也可以考虑采用航空照片 (aerial photos) 或卫星照片 (satellite photo)。

(2) 地质资料 (geological date)，包括 1/200000～1/50000 比例尺的地质图 (geological map) 和说明书。长大隧道还应参考航空照片以及遥感资料 (remote sensing data)。

(3) 工程资料 (engineering data)，隧址区 (tunnel site) 以往的施工记录和工程报告总结（如已有道路边坡岩石出露等现场勘察资料）。

(4) 气象资料 (engineering data)，从气象台站和各种资料期刊、汇编、年鉴等处获得的气温 (temperature)、气压 (air pressure)、降水 (precipitation)、水温 (water temperature)、地温 (ground temperature) 等资料。

(5) 用地及环境资料 (site and environment date)，用地是指工程用地和施工用地，包括调查既有建筑居民住宅 (residential)、通信设施 (communication facilities)、排水设施 (drainage facilities)、交通设施 (transportation facilities) 等；环境资料包括自然环境、文物古迹 (ancient artifacts)、自然保护区 (nature reserve)、居民环境 (resident environment) 等。

（6）灾害资料（disaster information），隧道所在地区历史上的暴雨（rainstorm）、台风（typhoon）、地震（earthquake）、滑坡等发生的规模（scale）、频度（frequency）。

二、地质调查（Geology Research）

（1）调查内容为工程地质特征（engineering geological features），水文地质特征（hydrogeological characteristics），不良地质和特殊地质现象（adverse geological and special geological phenomena），地震烈度（seismic intensity），有害气体和放射性物质（harmful gases and radioactive substances）。

（2）调查步骤包括地形地质的初步调查（preliminary investigation）—现场踏勘（site survey）和地质详查（geological survey）—钻探和物探（drilling and geophysical prospecting）。

（3）调查手段为传统手段，如钻探法；物探（geophysical exploration），如电阻与弹性波法（resistance and elastic wave method）；其他技术，如遥感（remote sensing）。

（4）地下水调查，地下水对隧道施工与运营（construction and operation）都会产生较大的影响和危害。

（5）应提供的资料为：①概述；②地形地质（topography and geology）说明；③设计及施工时应注意的问题及对进一步调查的建议；④相关图纸。

（6）应交付的相关图纸：①线路地形图（route topographic map）（比例 1/2000～1/5000）；②洞口附近地形图（topographic map near the entrance of the cave）（比例 1/500），沿线路中线每侧各 100m 的范围进行；③地质平面图（geological plan）；④地质纵断面图（geological profile）（比例 1/500～1/2000）；⑤洞口附近地质纵断面图（geological profile）（比例 1/200）以及洞口附近地质横断面图（cross-sectional view）。

三、环境调查（Environment Investigation）

（1）自然环境调查（natural environment survey）内容为动物、植物的生态状况，包括种类、密度、分布、季节性变化（seasonal variations）、地表水（surface water）、地下水状况。

（2）地物调查（feature survey）内容为土地利用状况，包括用途、面积范围等，如文物古迹、风景区。已有构筑物包括通信设施、民房、地下管网等。

（3）生活环境调查（living environment survey）内容为废气、噪声、振动、地面下沉（ground subsidence）等对居住环境、自然资源和已有地物的影响。

四、气象调查（Meteorological Survey）

（1）降雨（rainfall）：年、月平均、日最大、小时最大降雨量。

（2）降雪（snowfall）：最大降雪日、最大积雪量、积雪期、最大日降雪量、雪密度、雪温。

(3) 气温（temperature）、地温（ground temperature）：年平均气温（annual average temperature,）、绝对最高和最低气温、日温差（daily temperature difference）、冻结期（freezing period）、冻结深度（freezing depth）、多年冻土深度（permafrost depth）、水温。

(4) 风向（wind direction）、风速（wind speed）：频率分布（frequency distribution）（年间、月间、日间）。

(5) 雾（fog）：发生日数［频度、滞留时间及其能见度（visibility）］。

(6) 洪水（flood）：洪水量（flood volume）、水位（water table）、时期。

第二节 隧道围岩稳定性（Tunnel Surrounding Rock Stability）

一、相关概念（Related Concepts）

1. 隧道围岩及其稳定性的概念（Concept of Tunnel Surrounding Ground and Its Stability）

隧道围岩是指隧道周围一定范围内对其稳定性能产生影响的那部分岩（土）体。这个范围在横断面上约为6～10倍的洞径。围岩既可以是岩体，也可以是土体。围岩是最直接影响隧道结构稳定性的因素，围岩的好坏将直接影响到隧道设计、施工和工程造价。所以研究隧道和地下工程，首先要了解清楚围岩的各种特性。

围岩的稳定性是指隧道工程开挖后周围地层（围岩）的稳定程度，它是一个反映地质环境的综合指标。

2. 岩石与岩体（Rock and Rock Mass）

岩石是由一种或几种矿物或岩屑在地质作用下按一定的规律聚集而形成的自然体，可近似认为岩石是均质（homogeneous）、连续和各向同性（isotropic）的介质（media）。

岩体是由岩石组成的，在结构面切割下具有一定的结构和构造，占地球上一定空间的地质体（或岩块）和结构体（structural body）。它具有明显的非均质性（heterogeneity）、不连续性和各向异性（anisotropy）。岩体中存在断层面、层理面、节理面和裂隙面等，被结构面（structural planes）切割而成的块体即为结构体。

岩体既不是简单的弹性体，也不是简单的塑性体，而是较为复杂的弹塑性体。整体性好的岩体接近弹性体，破裂岩体和松散岩体则偏向于塑性体。

3. 围岩的工程性质（Engineering Properties of Surrounding Rock）

围岩的工程性质包括三个方面：

(1) 物理性质：指岩体的物理组成，是什么样的石头，包括体积密度、节理的产状等。

（2）水理性质：指岩体在含水条件下岩体的一些物理化学反应（physical and chemical reactions），包括岩体的溶水性、透水性、持水性等。

（3）力学性质：指岩体的抗拉抗压强度（tensile and compressive strength）和变形破坏性能（deformation destructive performance），即围岩抵抗变形破坏的性能，其参数包括抗压、抗拉、抗剪强度。

二、隧道围岩稳定性（Tunnel Surrounding Rock Stability）

隧道开挖后的稳定性（Stability）描述包括：

（1）充分稳定（fully stable）：坑道在长时间内有足够的自稳能力（self-stability），无需任何人工支护（artificial support）而能维持稳定，无坍塌（collapse）、偶尔有掉块（falling block）。

（2）基本稳定（basically stable）：坑道会因爆破（blasting）、岩块结合松弛（relaxation）等而产生局部掉块，但不会引起坑道的坍塌，坑道是稳定的。

（3）暂时稳定（temporarily stable）：坑道开挖后呈现出不同程度的坍塌现象（collapse phenomenon），坍塌后的坑道呈拱形（arch-shaped）而处于暂时稳定状态。多数坑道是属于这个类型的。

（4）不稳定（unstable）：坑道开挖后很快呈现坍塌现象。

隧道围岩失稳破坏（Instability Damage）性态包括脆性破裂（brittle fracture）、块状运动（block movement）、弯曲折断破坏（bending and breaking failure）、松动解脱（loosen and free）、塑性变形和剪切变形（plastic deformation and shear deformation）。

三、影响围岩稳定性的因素（Factors Affecting the Stability of Surrounding Rock）

1. 地质因素（Geological Factors）

（1）岩体结构特征（structural characteristics of rock mass）

指岩体的破碎程度（degree of fragmentation）或完整性（completeness），涉及节理发育程度（joint development degree）、裂隙率（fracture rate）等。具体而言，即指构成岩体的岩块大小，以及这些岩块的组合排列形态。

关于岩块的大小通常都是用裂隙间距（crack spacing）等指标（index）表示。

裂隙间距（crack spacing）指沿裂隙法线方向上裂隙间的距离。可以按裂隙间距将岩体分为整体状、大块状、块石状、碎石状和土石状等（图2-1）。

图2-1中 d 为裂隙间距。这里所说的裂隙都是广义的，包括层理（stratification）、节理（joint）、断裂及夹层（fracture and interlayer）等结构面（structural plane）。

（2）结构面性质和空间组合（structural plane properties and spatial combi-

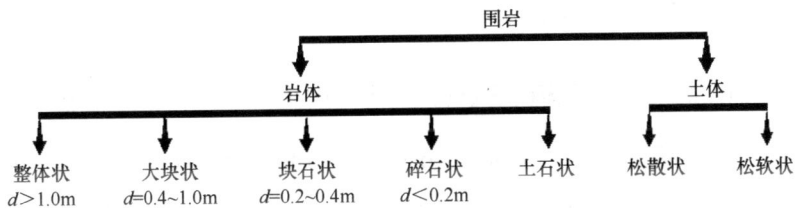

图 2-1 岩体类别 (grade of rock mass)

nation)

结构面性质：①结构面的成因（cause）；②结构面的光滑程度（smoothness）；③结构面的物质组成（composition）；④结构面的规模（scale）；⑤结构面的密集度（density）。

空间组合：指结构面的相互位置状态（mutual position status）和结构面与隧道的相对空间位置（relative spatial position）。

(3) 岩石的力学性质（mechanical properties of rocks）

主要指岩石的单轴饱和极限抗压强度 r_b（uniaxial saturated ultimate compressive strength）。岩石强度越高，隧道越稳定。

(4) 围岩的初始应力状态（initial stress state of surrounding rock）

初始应力（initial stress）是隧道围岩变形、破坏的根本作用力。已初步将初始应力考虑进围岩分级之中。在高的初始应力场条件（high initial stress field）下，围岩级别应适当降低。

(5) 地下水的影响（impact of ground water）

地下水使岩质软化（rock softening），强度降低，对软岩尤其突出。在有软弱结构面的岩体中，会冲走充填物质（filling material）或使夹层软化（interlayer softening），减少层间摩阻力（frictional resistance）促使岩块滑动（sliding）。具膨胀性（expansibility）的围岩，遇水后产生膨胀。

2. 人为因素 (Anthropic Factors)

(1) 隧道形状和尺寸（tunnel shape and size）

圆形或椭圆形隧道围岩应力状态（stress state）以压应力（compressive stress）为主，这对维持（maintain）围岩的稳定性是有好处的。而矩形或梯形（rectangular or trapezoidal）隧道，在顶板处的围岩中将出现较大的拉应力（tensile stress），从而导致岩体张裂破坏（tensile crack failure）。坑道跨度（span）越大，坑道围岩的稳定性就越差。

(2) 施工方法（construction method）

普通的爆破法（blasting method）与控制爆破法（controlled blasting method）、矿山法（mining method）与掘进机法（roadheader method）、全断面一次

开挖与小断面分部开挖，对隧道围岩的影响各不相同。

第三节 隧道围岩分级（Classification of Tunnel Surrounding Rock）

一、围岩分级的意义（Significance of Surrounding Rock Classification）

1. 围岩分级的概念（Concept of Surrounding Rock Classification）

根据岩体的若干指标（index），按照稳定性将围岩分成不同的级别，这就是隧道围岩稳定性分级，或简称为围岩分级。

2. 分级的目的与作用（Purpose and Function of Classification）

围岩分级可以判断围岩稳定性和施工难易程度，可作为结构设计（structure design）、施工方法选择、工程造价分析（project cost analysis）、结构分析计算（structure analysis and calculation）的依据。

二、围岩分级的方法（Method of Surrounding Ground Classification）

围岩分级是设计与施工过程中选择施工方法的依据，是进行科学管理及正确评价经济效益、确定结构上的荷载、确定衬砌结构的类型及其尺寸等的基础。

（1）分级的基本要素

岩性（lithology）：抗压强度（compressive strength）、弹性模量（elastic modulus）、弹性波速（elastic wave velocity）等。

地质构造（geological structure）：岩体完整性或结构状态（rock mass integrity or structural state）。

地下水（groundwater）：地下水发育时，围岩级别应降低。

初始地应力（initial in-situ stress）：适当考虑。

（2）铁路隧道围岩分级方法

分级因素及其确定方法应符合下列规定：

围岩基本分级应由岩石坚硬程度和岩体完整程度两个因素确定；岩石坚硬程度和岩体完整程度应采用定性划分和定量指标两种方法综合确定。

根据岩石坚硬程度来确定岩性类型，按岩石风化程度来确定工程岩体分级标准，见表 2-1。

表 2-1 岩石坚硬程度的划分（classification of rock hardness）

岩石类别		单轴饱和抗压强度 R_c（MPa）	定性鉴定	代表性岩石
硬质岩	极硬岩	$R_c>60$	锤击声清脆，有回弹，振手，难击碎；浸水后，大多无吸水反应	未风化～微风化的 A 类岩石

续表

岩石类别		单轴饱和抗压强度 R_c（MPa）	定性鉴定	代表性岩石
硬质岩	硬岩	$30<R_c\leq60$	锤击声较清脆，有轻微回弹，稍振手，较难击碎；浸水后，有轻微吸水反应	微风化的 A 类岩石；未风化～微风化的 B、C 类岩石
	较软岩	$15<R_c\leq60$	锤击声不清脆，无回弹，较易击碎；浸水后，指甲可刻出印痕	风化的 A 类岩石；弱风化的 B、C 类岩石；未风化～微风化的 D 类岩石
软质岩	软岩	$5<R_c\leq15$	锤击声哑，无回弹，有凹痕，易击碎；浸水后，手可掰开	强风化的 A 类岩石；弱风化～强风化的 B、C 类岩石；弱风化的 D 类岩石；未风化～微风化的 E 类岩石
	极软岩	$R_c\leq5$	锤击声哑，无回弹，有较深凹痕，手可捏碎；浸水后，可捏成团	全风化的各类岩石和成岩作用差的岩石

注：当无条件取得单轴饱和抗压强度 R_c 实测值时，也可采用实测的岩石点荷载强度指数 $I_{s(50)}$ 的换算值，换算方法按国家标准《工程岩体分级标准》（GB/T 50218—2014）执行。

岩体完整程度可按表 2-2 确定，结构面结合程度可按表 2-3 确定，层状岩层厚度划分可按表 2-4 确定。

表 2-2 岩体完整程度的划分（classification of integrity of rock mass）

完整程度	结构面发育程度			主要结构面结合程度	主要结构面类型	相应结构类型	岩体完整性指数（K_v）	岩体体积节理数（条/m³）
	定性描述	组数	平均间距（m）					
完整	不发育	1~2	>(1)0	结合好或一般	节理、裂隙、层面	整体状或巨厚层状结构	$K_v\geq0.75$	$J_v<3$
较完整		1~2	>(1)0	结合差	节理、裂隙、层面	块状或厚层状结构	$0.55<K_v\leq0.75$	$3\leq J_v<10$
	较发育	2~3	(1)0~0.4	结合好或一般		块状结构		
较破碎		2~3	(1)0~0.4	结合差	节理、裂隙、劈裂、层面、小断层	裂隙块状或中厚层状结构	$0.35<K_v\leq0.55$	$10\leq J_v<20$
	发育	≥3	0.4~0.2	结合好		镶嵌碎裂结构		
				结合一般		薄层状结构		
破碎		≥3	0.4~0.2	结合差	各种类型结构面	裂隙块状结构	$0.15<K_v\leq0.35$	$20\leq J_v<35$
	很发育	≥3	≤0.2	结合一般或差		碎裂结构		
极破碎	无序	—	—	结合很差		散体结构	$K_v\leq0.15$	$J_v\geq35$

注：平均间距指主要结构面间距的平均值。

表 2-3 结构面结合程度的划分(division of the degree of structural plane association)

结合程度	结构面特征
结合好	张开度小于1mm，为硅质、铁质或钙质胶结，或结构面粗糙，无充填物； 张开度1~3mm，为硅质或铁质胶结； 张开度大于3mm，结构面粗糙，为硅质胶结
结合一般	张开度小于1mm，结构面平直，钙泥质胶结或无充填物； 张开度1~3mm，为钙质胶结； 张开度大于3mm，结构面粗糙，为铁质或钙质胶结
结合差	张开度1~3mm，结构面平直，为泥质胶结或钙泥质胶结； 张开度大于3mm，多为泥质或岩屑充填
结合很差	泥质充填或泥夹岩屑充填，充填物厚度大于起伏差

表 2-4 层状岩层厚度划分（stratified layer thickness division）

层状岩层厚度	单层厚度
巨厚层	大于1.0m
厚层	大于0.5m，且小于等于1.0m
中厚层	大于0.1m，且小于等于0.5m
薄层	小于等于0.1m

围岩基本质量指标 BQ 值，应根据岩石坚硬程度、岩体完整程度分级因素的定量指标 R_c 的兆帕数值和 K_v，按公式（2-1）计算。

$$BQ = 100 + 3R_c + 250K_v \tag{2-1}$$

使用公式（2-1）计算时，应符合下列规定：

当 $R_c > 90K_v + 30$ 时，应以 $R_c = 90K_v + 30$ 和 K_v 代入计算 BQ 值。

当 $K_v > 0.04R_c + 0.4$ 时，应以 $K_v = 0.04R_c + 0.4$ 和 R_c 代入计算 BQ 值。

根据《铁路隧道设计规范》（TB 10003—2016），围岩基本分级可按表 2-5 确定。

表 2-5 围岩级别（surrounding rock classification）

围岩级别	围岩主要工程地质条件		围岩开挖后的稳定状态（小跨度）	围岩基本质量指标 BQ	围岩弹性纵波速度（km/s）
	主要工程地质特征	结构特征和完整状态			
I	极硬岩（单轴饱和抗压强度 $R_c > 60\text{MPa}$）：受地质构造影响轻微，节理不发育，无软弱面（或夹层）；层状岩层为巨厚层或厚层，层间结合良好，岩体完整	呈巨块状整体结构	围岩稳定，无坍塌，可能产生岩爆	>550	A: >5.3

续表

围岩级别	围岩主要工程地质条件		围岩开挖后的稳定状态（小跨度）	围岩基本质量指标 BQ	围岩弹性纵波速度（km/s）
	主要工程地质特征	结构特征和完整状态			
Ⅱ	硬质岩（R_c>30MPa）：受地质构造影响较重，节理较发育，有少量软弱面（或夹层）和贯通微张节理，但其产状及组合关系不致产生滑动；层状岩层为中厚层或厚层，层间结合一般，很少有分离现象，或为硬质岩石偶夹软质岩石	呈巨块状或大块状结构	暴露时间长，可能会出现局部小坍塌，侧壁稳定，层间结合差的平缓岩层顶板易塌落	550~451	A：4.5~5.3 B：>5.3 C：>5.0
Ⅲ	硬质岩（R_c>30MPa）：受地质构造影响严重，节理发育，有层状软弱面（或夹层），但其产状及组合关系尚不致产生滑动；层状岩层为薄层或中层，层间结合差，多有分离现象；硬、软质岩石互层	呈块（石）或碎（石）状镶嵌结构	拱部无支护时可产生小坍塌，侧壁基本稳定，爆破振动过大易塌	450~351	A：4.0~4.5 B：4.3~5.3 C：3.5~5.0 D：>4.0
	较软岩（R_c=15~30MPa）：受地质构造影响轻微，节理不发育；层状岩层为厚层、巨厚层，层间结合良好或一般	呈大块状结构			
Ⅳ	硬质岩（R_c>30MPa）：受地质构造影响极严重，节理很发育；层状软弱面（或夹层）已基本破坏	呈碎石状压碎结构	拱部无支护时，可产生较大的坍塌，侧壁有时失去稳定	350~251	A：3.0~4.0 B：3.3~4.3 C：3.0~3.5 D：3.0~4.0 E：2.0~3.0
	软质岩（R_c≈5~30MPa）：受地质构造影响较重或严重，节理较发育或发育	呈块（石）或碎（石）状镶嵌结构			
	土体： ①具压密或成岩作用的黏性土、粉土及砂类土； ②黄土（Q1，Q2）； ③一般钙质、铁质胶结的碎石土、卵石土、大块石土	①和②呈大块状压密结构，③呈巨块状整体结构			

续表

围岩级别	围岩主要工程地质条件		围岩开挖后的稳定状态（小跨度）	围岩基本质量指标 BQ	围岩弹性纵波速度（km/s）
	主要工程地质特征	结构特征和完整状态			
V	岩体：较软岩、岩体破碎；软岩、岩体较破碎至破碎；全部极软岩及全部极破碎岩（包括受构造影响严重的破碎带）	呈角砾碎石状松散结构	围岩易坍塌，处理不当会出现大坍塌，侧壁经常出现小坍塌；浅埋时易出现地表下沉（陷）或塌至地表	≤250	A：2.0～3.0 B：2.0～3.3 C：2.0～3.0 D：1.5～3.0 E：1.0～2.0
V	土体：一般第四系坚硬、硬塑黏性土，稍密及以上、稍湿或潮湿的碎石土、卵石土、圆砾土、角砾土、粉土及黄土（Q3、Q4）	非黏性土呈松散结构，黏性土及黄土呈松软结构			
VI	岩体：受构造影响严重呈碎石、角砾及粉末、泥土状的富水断层带，富水破碎的绿泥石或炭质千枚岩	黏性土呈易蠕动的松软结构，砂性土呈潮湿松散结构	围岩极易变形坍塌，有水时土砂常与水一齐涌出；浅埋时易塌至地表	—	<1.0（饱和状态的土<1.5）
VI	土体：软塑状黏性土，饱和的粉土、砂类土等，风积沙，严重湿陷性黄土				

围岩级别定量修正应符合下列规定：

① 围岩级别定量修正应对围岩基本质量指标 BQ 进行修正。

② 围岩基本质量指标修正值 $[BQ]$ 可按公式（2-2）计算。其修正系数 K_1、K_2、K_3 可分别按表 2-6～表 2-8 确定。各级围岩的物理力学指标见表 2-9。

$$[BQ] = BQ - 100(K_1 + K_2 + K_3) \tag{2-2}$$

式中　$[BQ]$——围岩基本质量指标修正值；

　　　BQ——围岩基本质量指标值；

　　　K_1——地下水影响修正系数；

　　　K_2——主要软弱结构面产状修正系数；

　　　K_3——初始地应力影响修正系数。

表 2-6　地下水影响修正系数 K_1（modified coefficient of groundwater influence）

地下水出水状态	岩体基本质量指标 BQ				
	>550	550～451	450～351	350～251	≤250
潮湿或点滴状出水	0	0.0	0～0.1	0.2～0.3	0.4～0.6
淋雨状或线流状出水	0～0.1	0.1～0.2	0.2～0.3	0.4～0.6	0.7～0.9
涌流状出水	0.1～0.2	0.2～0.3	0.4～0.6	0.7～0.9	1.0

表 2-7 主要结构面产状影响修正系数 K_2
(modified coefficient of occurrence of main structural plane influence)

结构面产状及其与洞轴线的组合关系	结构面走向与洞轴线夹角<30°结构面倾角30°~75°	结构面走向与洞轴线夹角>60°结构面倾角>75°	其他组合
K_2	0.4~0.6	0~0.2	0.2~0.4

表 2-8 初始地应力状态影响修正系数 K_3
(modified coefficient of initial stress state influence)

初始地应力状态	岩体基本质量指标 BQ				
	>550	550~451	450~351	350~251	≤250
极高应力区	1.0	1.0	1.0~1.5	1.0~1.5	1.0
高应力区	0.5	0.5	0.5	0.5~1.0	0.5~1.0

表 2-9 各级围岩的物理力学指标
(physical and mechanical indexes of surrounding rock at all levels)

围岩级别	密度 γ (kN/m³)	弹性反力系数 K (MPa/m)	变形模量 E (GPa)	泊松比 ν	内摩擦角 φ (°)	黏聚力 c (MPa)	计算摩擦角 φ (°)
Ⅰ	26~28	1800~2800	>33	<0.2	>60	>2.1	>78
Ⅱ	25~27	1200~1800	20~33	0.2~0.25	50~60	1.5~2.1	70~78
Ⅲ	23~25	500~1200	6~20	0.25~0.3	39~50	0.7~1.5	60~70
Ⅳ	20~23	200~500	1.3~6	0.3~0.35	27~39	0.2~0.7	50~60
Ⅴ	17~20	100~200	1~2	0.35~0.45	20~27	0.05~0.2	40~50
Ⅵ	15~17	<100	<1	0.4~0.5	<22	<0.1	30~40

注：1. 本表中数值不包括黄土地层及特殊围岩；
2. 选用计算摩擦角时，不再计内摩擦角和黏聚力。

第四节 隧道工程不良地质（Bad Geology of Tunnel Engineering）

一、膨胀土（Expansive Soil）

1. 膨胀土围岩的特性（Characteristics of Surrounding Rock of Expansive Soil）

膨胀土（expansive soil）中的黏土成分主要由蒙脱石（montmorillonite）等亲水性矿物（hydrophilic minerals）组成。具有以下特点：

（1）明显的塑性流变特性（plastic rheological properties），开挖后塑性变形（plastic deformation）大。

（2）初期围岩变形大，且变形发展速度快。

（3）膨胀压力（expansion pressure）将使得围岩压力显著增加。

2. 膨胀土围岩对隧道施工的危害（Hazard of Expansive Soil Surrounding Rock to Tunnel Construction）

（1）围岩裂缝（wall rock cracks）；

（2）隧道下沉（tunnel sinking）；

（3）围岩鼓出（bulging out of the surrounding rock），包括底鼓（invert heave）、坍塌（collapse）；

（4）衬砌变形和破坏（lining deformation and damage）。

二、岩溶（Karst）

岩溶是指可溶性岩层，如石灰岩（limestone）、白云岩（dolomite）等，在水的作用下产生沟槽（ditch）、空洞（cavity）以及地表陷穴（sinkhole）等现象。溶洞（karst cave）是岩溶现象的一种。

1. 溶洞的类型及其对隧道施工的影响（Types of Karst Caves and the Influence on Tunnel Construction）

（1）溶洞类型

① 死、干、小（dead, dry, small）型溶洞：较容易处理；

② 活、湿、大（developing, wet, large）型溶洞：较难处理。

（2）对隧道施工影响

① 溶洞位于隧道底部，充填物（filling）松软且深，使隧道基底难以处理；

② 溶洞涌泥（gushing mud）危及施工；

③ 溶洞岩质破碎，容易发生坍塌。

2. 隧道遇到溶洞时的工程对策（Engineering Countermeasures for Tunnel Meets Karst Cave）

处理溶洞的方法："引、堵、越、绕"（drainaging, plugging, overpass, detouring）四种。

（1）引

"引"是指采用暗管（subsurface tubes）、涵管（culvert）或小桥等方法将水引排走，如图 2-2 所示。但要注意遇到暗河（underground river）或溶洞有水流时，宜排不宜堵。

（2）堵

"堵"主要针对已停止发育、跨径较小、无水的溶洞。可以采用方法如：①混凝土、浆砌（slurry）或干砌片石（dry masonry）回填封闭；②隧顶溶

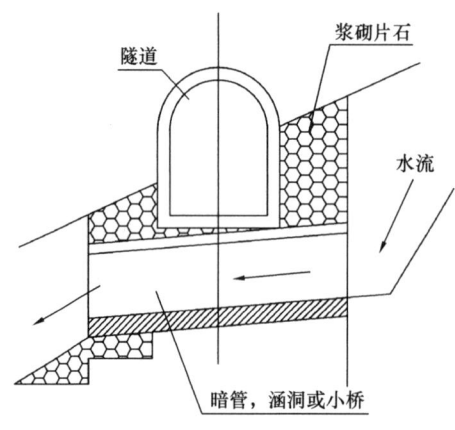

图 2-2 宣泄水流示意图
(diagram of drainage flow)

洞，锚喷加固，必要时注浆加固（grouting reinforcement）与堵水，并加设隧道护拱（protecting arch）及拱顶回填（vault backfill），如图 2-3、图 2-4 所示。

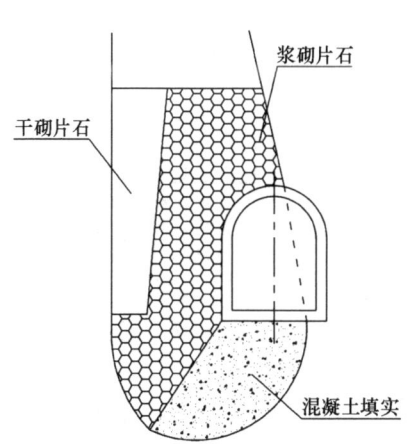

图 2-3　溶洞堵填示意图（schematic diagram of cave plugging and filling）

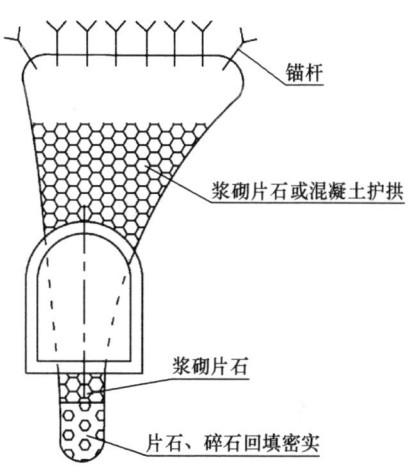

图 2-4　锚喷加固示意图（schematic diagram of anchor spray reinforcement）

（3）越

"越"是通过跨越的方式处理溶洞。如图 2-5 所示，当隧道一侧遇到狭长而较深的溶洞，可通过加深该侧的边墙基础（side wall foundation）的方法跨越。如图 2-6 所示，当隧道底部遇有较大溶洞并有流水，可以在隧底以下砌筑圬工承重墙（load-bearing wall），跨越而过，承重墙内套设涵管引排溶洞水。如图 2-7 所示，当隧道过墙部位遇到较大、较深的溶洞，加深边墙基础困难，可以在边墙下或隧底以下筑拱（arched trench）跨过溶洞区。

（4）绕

"绕"是指若溶洞处理耗时，可采用迂回导坑（guiding hole）绕过溶洞，继续隧道前方的施工，同时处理溶洞。

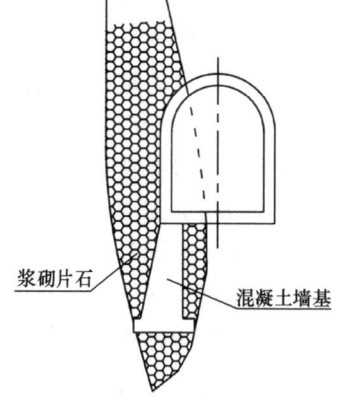

图 2-5　加深边墙基础示意图
(deepening side wall foundation)

3. 溶洞地段施工的注意事项（Notes for Construction of Karst Cave Section）

①多作物探超前预报（geophysical advance prediction），如地质雷达（geological radar）；②穿过溶洞时，细查溶洞顶部，及时处理危石（dangerous stone）；③严格控制爆破药量（blasting dosage），减少对围岩的扰动。

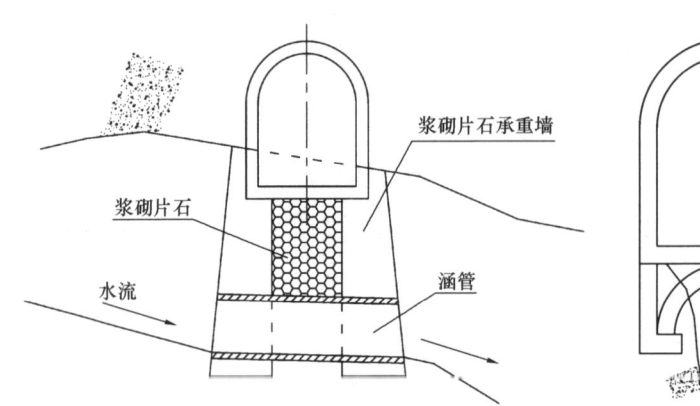
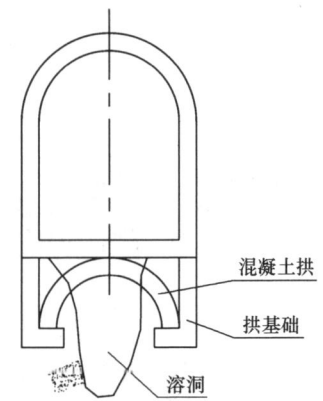

图 2-6 在承重墙内套设涵管示意图
（culvert with in a load-bearing wall）

图 2-7 筑拱跨越溶洞示意图
（arching across karst cave）

三、黄土（Loess）

黄土地层对隧道施工的影响（influence of loess stratum on tunnel construction）包括以下几点：

（1）黄土节理（loess joint）

①在隧道开挖时，土体顺着节理张松或剪断（loosen or cut off）；②隧道顶部极易产生"塌顶"（roof collapse）；③侧壁普遍出现掉土。

（2）黄土冲沟地段（loess gully section）

隧道沿黄土冲沟或塬边（loess gully or tableland edge）（四边陡、顶上平的黄土高地）地段穿过，且覆盖较薄或偏压（bias pressure）较大时，容易发生较大的坍塌或滑坡现象。

（3）黄土溶洞与陷穴（loess karst caves and caves）

①隧道若在其上方，则有基础下沉（base sinking）的危害；②隧道若在其下方，常有发生冒顶（roof collapse）的危险；③隧道若在其邻侧，则有可能承受偏压（bias pressured）。

（4）水对黄土隧道施工的影响

黄土在干燥时很坚固，承压力也较高，施工可顺利进行。但当土受水浸湿后则呈不同程度的湿陷性，会突然发生下沉现象，极容易造成隧道坍塌。

四、岩爆（Rock Burst）

1. 岩爆的概念 (Concept of Rock Burst)

岩体中聚集的高弹性应变能（high elastic strain energy）因隧道开挖而发生的一种应力突发现象。

2. 岩爆形成的条件（Conditions for the Formation of Rock Burst）

（1）地层的岩性条件。结构基本完整的脆硬岩（brittle hard rock）地层。多见于石英岩（quartzite）、花岗岩（granite）、正长岩（syenite）、闪长岩（diorite）、花岗闪长岩（granodiorite）、大理岩（marble）、片麻岩（gneiss）等。

（2）地应力条件。只有埋深（burial depth）大的隧道才足以形成高地应力（high ground stress），埋深超过700m的隧道发生岩爆的情况居多。

3. 隧道内岩爆的特点（Characteristics of Rock Burst in Tunnels）

（1）岩爆在发生前并无明显预兆（obvious omen），总是突然发生。

（2）岩爆时，岩块自洞壁迸射而出，块度从几厘米到几十厘米不等，甚至上吨重岩石从拱部弹落。

（3）岩爆多发生在新开挖工作面（newly excavated working face）及其附近。

（4）易伤害人员、损坏机械。

4. 岩爆的防治措施（Prevention and Control Measures of Rock Burst）

（1）强化围岩（reinforcing surrounding rock）

强化围岩的出发点是给围岩一定的径向约束（radial constraint），使围岩的应力状态从平面转向三维。如采用锚喷加固（anchor bolt and spray concrete reinforcement）、网锚喷联合（combined net-anchor spraying）、钢支撑网喷联合（seam cutting method）、注浆（grouting）等方法。

（2）弱化围岩（weakening surrounding rock）

弱化围岩是往岩层中注水，改变岩石的物理力学性质，降低岩石的脆性和储存能量的能力。可采用的方法如解除围岩中的高地应力，包括预裂爆破（pre-split blasting）、排孔法（hole drainage method）、切缝法（seam cutting method）等，可消减围岩中的能量。

五、瓦斯（Gas）

1. 瓦斯的基本性质（Basic Properties of Gas）

（1）无色、无臭（odorless）、无味的气体，极易使人窒息死亡；

（2）比重仅为空气的一半，扩散速度比空气大1.6倍，很容易透过围岩裂隙渗入隧道；

（3）不能自燃（non-self-ignite），但极易燃烧。

2. 瓦斯的燃烧和爆炸性（Combustion and Explosion of Gas）

（1）浓度小于5%遇火源时，瓦斯只在火源附近燃烧而不爆炸；

（2）浓度在5%～6%到14%～16%时，遇到火源具有爆炸性；

（3）浓度大于14%～16%时，遇火能平静地燃烧，一般不爆炸；

（4）瓦斯燃烧时，一旦遇到障碍而受压缩，就会形成爆炸。

3. 瓦斯释放的方式（Methodology of Gas Release）

（1）施工阶段（construction stage）

① 瓦斯的渗出（gas seepage）：缓慢地、均匀地、不停地从煤系岩层的暴露面或裂隙中渗出。

② 瓦斯的喷出（propulsion gush）：比渗出强烈，通常有较大的响声和压力。

③ 瓦斯的突出（outburst）：在短时间内，突然喷出大量瓦斯，有巨大轰响，并夹有煤块或岩石。

以上三种释放方式中第①种放出的瓦斯量为最大，因其最不易被人发觉（not easily detected）。

（2）运营阶段（operation stage）

地层中的瓦斯主要通过衬砌本体的细微裂隙（fine crack）和施工缝（construction joint）等通道渗入隧道内。

六、高地温（High Geothermal）

1. 高地温的热源（Heat Source of High Geothermal）

（1）火山热（volcanic fever）的热源（heat source）；

（2）放射性元素裂变热（fission heat of radioactive elements）的热源。

2. 隧道施工注意事项及措施（Notes and Measures for Tunnel Construction）

（1）事项1：洞内温度应满足相关规定，不要超过30℃。

措施：主要措施为通风（ventilation）和洒水（sprinkling）。

（2）事项2：注意工人的劳动强度（labour intensity）。

措施：根据隧道内的高温程度，合理确定劳动工时。

（3）事项3：防止高温地段的二衬混凝土开裂。

措施：①宜采用高炉矿渣水泥（blast furnace slag cement）（分离粉碎型水泥）；②用防水板（waterproof board）和无纺布（non woven fabric），将二衬与喷层隔离，可使二衬的收缩不受约束；③在防水板和二衬之间设置隔热材料（thermal insulation material），有助于隔断围岩热量；④适当缩短衬砌混凝土的浇筑长度。

七、塌方（Collapse）

1. 发生塌方的主要原因（Main Cause of Collapse）

（1）不良地质及水文地质条件。

（2）隧道设计考虑不周。

（3）施工方法和措施不当：①施工方法与地质条件不相适应；②喷锚支护不及时，围岩暴露时间过久；喷射混凝土的质量、厚度不符合要求；③没有按规定进行量测，或信息处理失误，或反馈不及时，导致决策失误，丧失了对围岩的有效控制；④没有科学地进行控制爆破（controlled blasting），围岩爆破用药量过多，因而扰动过度，引起坍塌；⑤对危石检查不重视、不及时，或处理危石措施不当,误将冠石撬下(pry off the crown stone by mistake),引起岩层坍塌(rock collapse)。

2. 预防坍方的工程措施(Engineering Measures to Prevent Collapse)

(1) 选择安全合理的施工方法。

(2) 加强坍方的预测,具体方法包括:① 观察法;② 一般量测法;③ 微地震学测量法(microseismic measurement)和声学测量法(acoustic measurement)。

(3) 加强初期支护(primary support)。

专业词汇汉英对照(Glossary)

专业词汇	拼音	英文
勘察	kānchá	tunnel
稳定性	wěndìngxìng	stability
爆破	bàopò	blasting
矿山法	kuàngshānfǎ	mining method
分级	fēnjí	classification
结构面	jiégòumiàn	structural plane
初应力	chūyìnglì	initial stress
膨胀土	péngzhàngtǔ	expansive soil
裂缝	lièfèng	cracks
岩溶	yánróng	karst
黄土	huángtǔ	loess
节理	jiélǐ	joint
岩爆	yánbào	rock burst
预裂爆破	yùlièbàopò	pre-splitting blasting
瓦斯	wǎsī	gas
高地温	gāodìwēn	high geothermal
塌方	tāfāng	collapse

思考题（Questions）

（1）隧道工程勘察的基本内容是什么？地质调查后应提供的主要资料有哪些？

（2）围岩及围岩分级的定义是什么？影响围岩稳定性的主要因素有哪些？

（3）隧道遇到溶洞时的处理方法哪些？

（4）隧道塌方处理措施有哪些？

拓展阅读（Extensive Reading）

（1）特殊地层和不良地质下隧道及地下工程施工技术

特殊地层和不良地质包括岩溶、岩爆、膨胀性围岩、湿陷性黄土、高地应力、蠕变地层、软弱地层、断层破碎带、涌水、突泥、瓦斯、毒气、可燃气、放射性等地质情况。工程现场因地质原因致使施工受阻，甚至发生安全质量事故的情形并不少见。加强特殊地质情况下隧道及地下工程技术研究是要长期坚持进行的重要课题之一，尤其是灾害性事故的预防和治理，如坍塌、水害和瓦斯爆炸等。辅助工法的出现和运用是隧道及地下工程施工的重要特点之一。辅助工法多用于围岩所处地层的加固及物理力学性质的改善，包括基坑和坑道周边及底部的维护和固定，施工阶段的疏水、排水、降水和堵水等，如注浆、冷冻、桩墙、管棚、锚固、喷护等工法均为隧道和地下工程施工中的辅助工法。辅助工法十分重要，甚至关系到主体工程施工的成败。由于辅助工法不当而招致工程事故甚至工程失败的例子并不少见。所以加强辅助工法的研究开发是隧道和地下工程施工的重要环节。

（2）工程地质与水文地质预探、预报技术

勘测设计阶段一般采用现场勘查、地质资料调绘、坑探、钻探、物探等手段，综合交错进行，必要时还可利用航测及卫星遥感等技术。施工阶段的地质工作则是采用在开挖面上测绘推断，物探判识或超前钻探等手段依据需要选择进行。方法和手段往往确定性差，可靠度低，加之现场专业技术人员严重缺乏，所以长期以来形成的施工预案不足，盲目追赶进度的局面很难改变，甚至酿成较大的事故，教训极其深刻。在以上各种地质预探手段中，物探相对简单易行，对工程进度的影响较小，成本费用也较低，使用较为广泛，但是目前所用的物探手段及判识技术须有较大的改进和提高才能达到隧道及地下工程的要求。因此研究的重点应放在物探设备技术性能及分析指标的改进和创新中。同时，加强现场工程地质技术力量同样是很重要的一个方面。

① 电磁法勘探

电磁法勘探为物探中比较成熟的勘探方法，并开始广泛应用于公路工程地质勘探。该方法通过探测地下介质的电阻率变化，分析电性分布特征，实现对地质体的探测，具有探测深度大、可有效穿越高阻地层等特点。对于隧道地质勘察，常用的方法有两种：频率域电磁法和时间域电磁法。

② 大地电磁测深法（MT）

大地电磁测深法（MT），是一种重要的以天然电磁场为场源来研究地球内部电性结构的基于地球物理理论的方法。其在地表测量由高频至低频的地球电磁响应序列，过程当中依据在导体中不同频率的电磁波具有不同趋肤深度的原理，最终经过相关的数据处理和分析可获得大地由浅至深的电性结构。大地电磁测深法是频率域电磁法的代表，国内外学者对此做了大量研究，并设计制造了较完善的仪器设备。中铁第一勘察设计院、中铁第二勘察设计院及中南大学等单位开展了音频大地电磁法（AMT）在隧道地质勘察中的应用工作。AMT 的工作方法和采集与 MT 方法相同。不同之处在于，AMT 本质上是对音频电磁场的观测。

③ 音频大地电磁法（CSAMT）

音频大地电磁法（CSAMT）可以相较于大地电磁测深法（MT）提高探测精度，降低噪声干扰。可控源音频大地电磁法采用人工场源供电，可以通过改变发射频率来改变探测深度，达到频率测深的目的，其频率范围为 0.25~8192Hz。由于 CSAMT 法其观测方式与 MT 法相同，所观测的频率范围、场强和方向由人工控制，被称为可控源音频大地电磁法。可控源音频大地电磁法具有使用可控制的人工场源，信号强度比天然场要大，且通过人工控制，精度较好，可在较强干扰区的城市及城郊开展工作。音频大地电磁的测量参数为电场与磁场之比，可以得出卡尼亚电阻率。由于是比值测量，可减少外来的随机干扰及地形的影响。基于电磁波的趋肤深度原理，利用改变频率进行不同深度的电测深，避免重复放线，提高了工作效率，减轻了劳动强度。音频大地电磁法的勘探深度大，一般可达 1~2km，横向分辨率、垂向分辨率高。由于接收机在接收电场的同时还要接收磁场，因此 CSAMT 方法的高阻屏蔽作用小，高阻层穿透能力强。

④ 瞬变电磁法（TEM）

瞬变电磁法（TEM）是一种时间域电磁法，采用直升机搭载数据采集设备，探测速度约 100km/h，数据采集点间距为 2~3m，具有采集效率高、探测深度大、覆盖面广的特点。瞬变电磁法的原理是利用阶跃波形电磁脉冲激化，用不接地回线或接地线源向地下发送一次脉冲磁场。随后在一次场断电后，地下介质就会产生感应的二次场。因为导电介质内感应电流的热损耗，二次场大致按指数规律随时间衰减，形成瞬变电磁场。二次场主要来源于良导电介质内的感应电流，因此它包含着与地下介质有关的地质信息。良导电介质较不良导电介质的二次场衰减慢。利用线圈或接地电极观测一次脉冲电磁场产生的二次场，对所测的数据进行处理和分析。据此解释地下介质及相关物理参数。

第三章

隧道位置选择与线路设计
Tunnel Location and Alignment Design

第一节 隧道工程位置选择（location selection）

一、隧道位置选择的要素（element）

1. 隧道方案与其他方案的比较（Comparison of Tunnel Scheme with Other Schemes）

（1）绕行方案（detour plan）

绕行方案可以避开山岭地形（mountain terrain），不修隧道或将长大隧道改为傍山的短小隧道。它具有技术要求小、投资省、工期短的特点，但是由于线路绕山而行，造成的后果是线路延长（line extension）、弯道增多（more corners），尤其是小半径弯道，极不利于以后的运营（operation）。因此，随着隧道施工技术的进步，在可以考虑修建长大隧道时，应慎重考虑绕行方案。

（2）路堑方案（open-cut plan）

路堑方案易形成高大边坡，当地形为平原微丘时，由于相对高差不大，可以考虑采用路堑方案。在重丘和山岭地区，如果要避免高大边坡（tall slope），就需要提高线路高程（line elevation），因而展线要长，要求路堑的两端比较开阔以利展线。从造价上来说，路堑投资一般比隧道少，但随着时间的推移，路堑为稳定边坡而投入的资金（funds）完全可能超过隧道。此外，路堑方案破坏掉了大面积的自然植被（natural vegetation），与越来越受重视的自然生态保护意识（natural ecological protection awareness）是不相符的。

（3）隧道方案（tunnel plan）

与上述方案相比，隧道能使线路平缓顺直（smooth and straight），病害

(disease）较少，维修养护（maintenance）简单，从而提供了良好的运营条件。它缩短线路，节省行车时间，使得出行更为快捷和便利，为现代社会中激烈的交通市场竞争创造了有利的条件。它还能最大限度地减少道路修建对自然植被的破坏，产生积极的社会效益（social benefit）和自然效益（natural benefit）。

2. 隧道位置选择的影响因素（Influencing Factors of Tunnel Location Selection）

在山区修建铁路或高等级（high level）公路时，隧道的比重往往是很大的，因此，选择合理的隧道位置不仅是选线（line selection）的重要组成部分，同时也关系着施工难易、工期长短、造价高低、运营安全（operational safety）和运输效率（transport efficiency）。

（1）社会条件（social conditions）

包括政治（politics）、经济（economy）、国防（national defense）对自然环境的影响。

（2）自然条件（natural conditions）

工程地质、水文地质、地形（topography）、地貌（geomorphology）等往往控制着线路方案（route plan）的取舍和隧道位置的选择。

因此，在隧道位置选择时，根据以下方面进行全面的政治、经济、技术的综合比较（comprehensive comparison）来确定：

① 查清（find out）：工程地质及水文地质情况。
② 根据：不同地形特点（terrain characteristics）。
③ 结合：线路技术标准（line technical standards）、通车期限（duration of opening）、工程造价（project cost）、施工及运营条件、节省土地等因素。

二、隧道工程位置的选择（Tunnel Project Location Selection）

1. 越岭隧道（Mountains Tunnel）

通过山区的交通干线往往要翻越分水岭（watershed），从一个水系（water）进入另一个水系，这段线路称之为越岭线（mountains line），线路为穿越分水岭而修建的隧道称为越岭隧道。用于缩短线路，克服高程障碍（overcome elevation barriers）。越岭隧道示意图如图 3-1 所示。

选择越岭隧道的两大要素：

（1）平面位置（plane position）的选择

垭口（mountain pass）是指当线路必须跨越分水岭时，分水岭的山脊线（ridge line）上高程较低处。

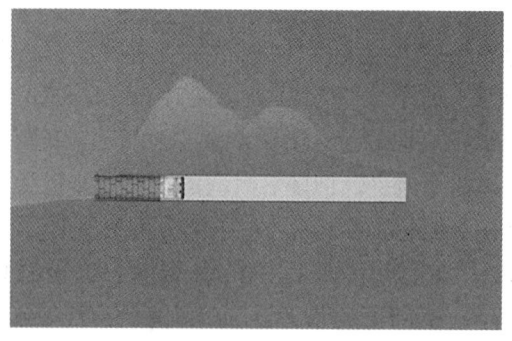

图 3-1 越岭隧道示意图
(sketch profile of mountains tunnel)

第三章 隧道位置选择与线路设计
Tunnel Location and Alignment Design

隧道平面位置（plane position）应尽量选择垭口通过。从地形上考虑，隧道宜选在山体比较狭窄的鞍部（saddle of a hill）垭口附近的底部通过，因为垭口处的山体相对较薄，从垭口穿越，隧道的长度较短，有利于降低工程投资。但从地质角度考虑，垭口地段的地质条件往往较差，遇到断层破碎带（fracture zone）和软弱岩层（weak rock formation）的概率增大。因此，除了地形条件比选外，还必须对可能穿越的垭口，进行地质条件的比较，优先选择地质相对较好的垭口。应该注意到，较短的隧道也可能由于地质条件差而导致工程造价比地质条件较好的较长隧道还要高。

（2）立面位置（facade position）的选择

在选定了垭口位置后，就应确定隧道的高程（elevation）。不同高程的隧道，有不同的纵坡、不同的隧道长度（tunnel length）和不同的展线长度（extension line length）。将隧道选在较高的高程，可以缩短隧道长度，减少施工工期（construction period），降低投资，但会形成较大的纵坡和较长的展线。纵坡大会使车辆产生较多的废气（exhaust），需要更有力的通风设施（ventilation facilities）；展线长势必弯道（curve）多，不利于行车（driving），降低了通过能力（passing ability）。降低隧道高程则正好相反。因此，隧道高程比选时，应综合工程造价（project costs）和运营效率（operational efficiency）等要素，给出最佳方案。

2. 河谷线隧道（River Valley Line Tunnel）

线路大多是沿河傍山而行，在地势陡峻（steep terrain）的峡谷（canyon）地段，常需修建的隧道即为傍山隧道（mountain side tunnel），也称之为河谷线隧道（river valley line tunnel）。傍山隧道的特点包括以下三个方面：

（1）依山傍水（by mountains and water）修建时，施工中容易破坏山体平衡（mountain balance），造成各种病害；

（2）因是在山体表层（surface layer）范围内修建隧道，常常遇到崩塌（collapse）、滑坡（landslide）、错落（strew）、松散堆积（loosely stacked）及泥石流（mudslide）等不良地质现象，地质情况较为复杂；

（3）一般埋深较浅，属浅埋隧道（shallow tunne）和短隧道群（short tunnel group），洞身覆盖薄（cover thin），易产生不对称的偏压（bias）情况；

（4）河道狭窄、弯曲，水流湍急冲刷力强，对山坡稳定和隧道安全威胁较大。

3. 隧道位置的选择要点（Tunnel Location Selection Points）

（1）保证最小覆盖层厚（minimum covering layer thickness）；

（2）隧道尽量内靠山体；

（3）注意周围既有建筑（existing building）对隧道稳定的影响；

(4) 尽可能"裁弯取直"（cut the curve to straightening）。

三、不良地质对隧道位置选择的影响（Influence of Unfavorable Geology on the Selection of Tunnel Location）

1. 地质构造影响（Geotectonic Influence）

地质构造对隧道的影响是多方面的，下面仅说明几种比较典型的影响。

(1) 单斜构造（monoclinal structure）

单斜构造是指成层的岩层（rock formation）向一个方向倾斜的地质构造。在这样的地层中，地层各层间，有的是紧密粘结（tightly bonded）的，有的是出现裂缝又被一些细碎物质所充填（filling）了的，不管是哪一种情况，层间接触面比之岩层实体总是较为薄弱（weak）的。当层间接触面（interlayer contact surface）是由软弱物质（weak substance）充填时，则称之为软弱结构面（weak structure plane）。从岩体力学观点来看，岩体的强度不是由岩石本身的强度来控制，而是由它的软弱结构面的强度来控制的。当层间的抗剪强度不足时，地层在外力作用下将会发生层间相对错动，这种错动的程度与结构面的倾向密切相关。图 3-2 反映了有利和不利的两种结构面倾向。

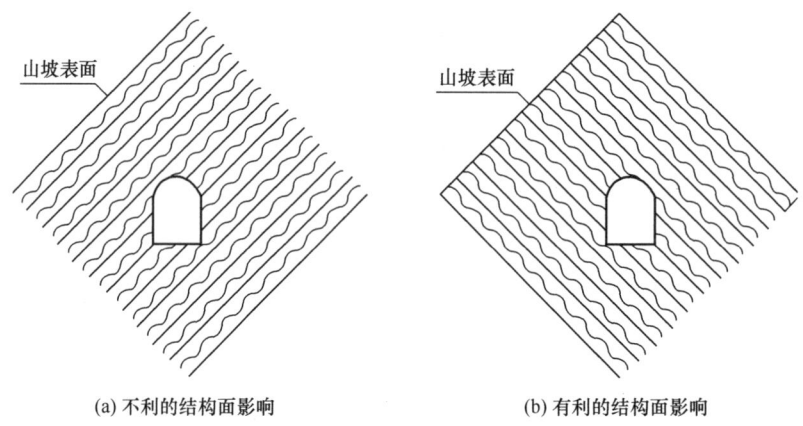

图 3-2　结构面倾向与隧道的关系

（relationship between structure plane inclination and tunnel）

(2) 褶曲构造（fold structure）

如图 3-3 所示，在褶曲构造地区，地层一部分翘起成为背斜（anticline），另一部分下挠成为向斜（syncline）。背斜的地层受弯而在上面出现开裂，切割岩体或为上大下小的楔块，因而只产生小于原重的压力。与此相反，向斜地层受弯（bend）而在下面开裂，切割岩体（cutting rock mass）成为上小下大的楔块（wedge）。这种楔块在重力作用下，极易脱离母岩而坠落，从而给隧道结构物（tunnel structure）以较大的荷载，而且在施工时，容易发生掉块（drop block）

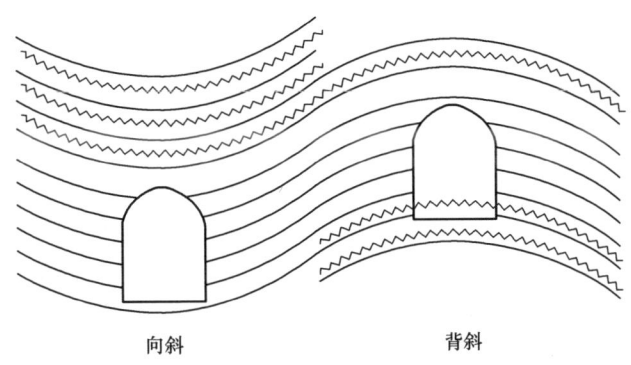

图 3-3 在褶曲构造地层中的隧道位置
(location of tunnel in fold structure)

或坍方（collapse），对工程产生不利影响。此外，在向斜地层中，地下水积聚凹底，也将增加施工的困难。所以，隧道穿过褶曲构造时，选在背斜中比较有利。如果隧道不是在褶曲的中部，而是靠近褶曲的侧翼（flank），且覆盖层较薄，则将受到偏压，隧道应按偏压结构予以加强。

（3）断层（fault）

在断层构造中，断层带中的岩体呈破碎状态，称为断层泥（fault gouge），它的强度很低，而且往往是地下水的通道（aisle），一旦打穿，就可能形成冒泥（mud）和涌水（gushing water），遇到这种地质条件，施工是十分困难的。选择隧道位置时应尽可能避开断层，不得已时，也要与断层带隔开足够的安全距离，切忌使隧道沿着或平行靠近断层，实在避不开时，也应正交穿越（orthogonal crossing），或尽量加大隧道走向与断层走向的交角（cross angle）。施工时，还应做好各种应急支护措施（emergency support measures），并准备好紧急排水设备（emergency drainage equipment）以应对突发情况。

2. 不良地质影响（Unfavorable Geological Effect）

不良地质是指滑坡、崩塌、岩堆、泥石流、岩溶、危岩、落石、瓦斯地区。它们对隧道工程十分不利，一旦遇到这样的地质，将给施工造成很大困难，也将使投资方付出高昂的代价。

（1）滑坡地区（landslide area）

①山体可能沿某个软弱面滑动（sliding on the weak side）；②层状倾斜岩层（layered sloping rock formation）沿某个软弱面滑动。滑坡案例示意图如图 3-4 所示。

（2）崩塌地区（collapse area）

悬崖陡壁地区，日久风化、产生张开节理（joint）和裂隙（cracks），不要把隧道置于地表不厚的傍山位置。

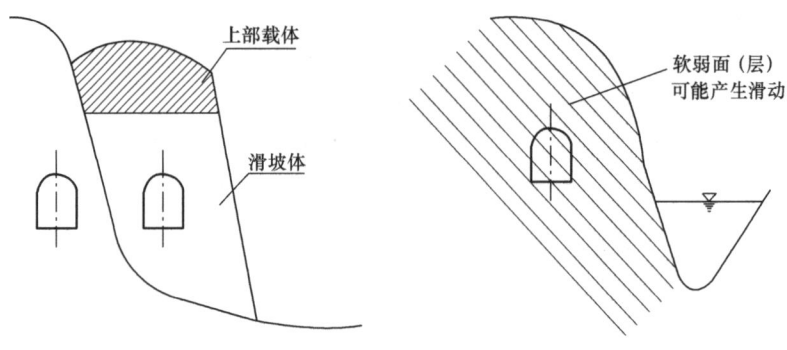

图 3-4　滑坡案例示意图（landslide Case diagram）

(3) 岩堆地区（rock pile area）

岩石经风化作用处（weathering），分解（break down）和剥离（peel off）成为大小不一的块体，从山坡上方滚下，或冲刷夹持（scour clamping）而堆积在山坡坡脚处，形成松散堆积体（loose accumulation）。隧道通过这类地区，开挖时极易发生坍方，给施工带来困难。这时宜把隧道位置放在岩堆以下的稳定岩体之中。岩堆示意图如图 3-5 所示。

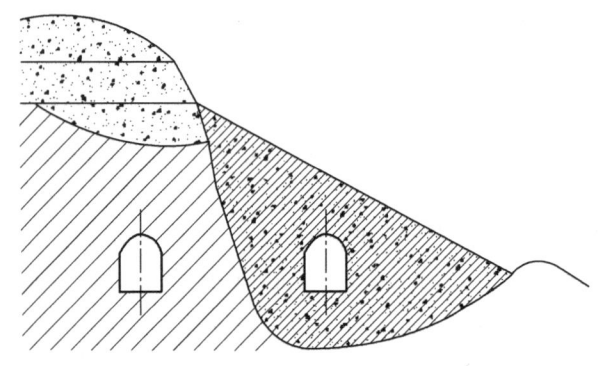

图 3-5　岩堆示意图（rock pile diagram）

(4) 泥石流地区（debris flow area）

应避免把隧道放在冲积扇（alluvial fan）范围以内，以免堵塞隧道洞口，或建明洞，使泥石流在明洞顶通过。

(5) 岩溶地区（karst area）

尽量避免。当不可能避免时，应选择在较溶洞狭窄（narrow）的地段，以垂直或大角度穿过，使隧道通过岩溶地段距离最短。

(6) 瓦斯地区（gas region）

隧道在通过煤层（coal seam）时会遇到甲烷（CH_4）、二氧化碳（CO_2）等

第三章　隧道位置选择与线路设计
Tunnel Location and Alignment Design

有害气体，容易引起火灾（fire）、爆炸（explode），最好避开，不得已时作好通风（ventilation）。

第二节　隧道洞口位置的选择
(Location Selection of Tunnel Entrance)

隧道洞口位置的选择总的原则是早进洞、晚出洞（enter cave early, exit cave late），目的在于确保施工、运营的安全。

(1) 洞口应尽可能设在山体稳定、地质较好处，不应设在排水困难（difficulty in drainage）的沟谷低洼（valley low-lyin）中心。

(2) 洞口应尽可能设在线路与地形等高线正交（orthogonal），或接正交的地段。

(3) 隧道洞口的路肩（shoulder of road）设计标高，应高于洪水（flood）设计标高（elevation）。

(4) 边坡（side slope）、仰坡（uphill）不宜开挖过高，以保证洞口安全。

(5) 当隧道穿过悬崖陡壁（cliff）时，一般不宜刷动原坡面（natural slope surface），破坏地表植被（vegetation），暴露风化破碎岩层，使洞口处于不利地位。如岩壁稳定且落石（falling rocks）或坍塌（collapse）不可能发生时，可贴壁进洞（adhering to the wall），若洞顶危岩活石难以清除，或有落石掉块危及行车安全时，应延伸洞口接长明洞至受坍落影响区域的 3～5m 以外。

(6) 当洞口地形平缓（gentle terrain），选定洞口位置有较大的伸缩范围时，应结合洞外填方路堑施工难易、路堑排水支农要求、弃渣（abandoned ballast）场地、施工力量及机械设备等情况全面考虑。

(7) 注重环境保护。

第三节　隧道线路设计 (Tunnel Alignment Design)

隧道线路设计包括隧道平面和纵断面线路设计。隧道平面（tunnel alignment plan）是指隧道中心线在水平面的投影（projection），纵断面（longitudinal profile）是中心线展直后在垂直面的投影。

隧道长度，即起讫点（between tunnel start and end point）距离的计算：铁路（railway）隧道起讫点是指洞门（tunnel portal structure）外表面（vertical surface）与内轨顶面（top of inner rail）的交点，而公路（highway）隧道起讫点是指洞门外表面与路线中线（route center line）的交点。

一、隧道平面设计 (Tunnel Alignment Design)

在地形地质条件可能的情况下，应尽可能采用直线或大半径曲线（large radius curve），避免小半径曲线（small radius curve），原因如下：

（1）铁路曲线隧道（curved tunnel）的建筑限界（structure circumscription）需要加宽（widen）。公路曲线隧道虽原则上不加宽，但当不能满足规定的交通条件时，也需加宽。隧道加宽后，开挖尺寸相应加大，不但增大了开挖土石方数量，也增加了衬砌的圬工量（masonry volume quantity）。

（2）曲线上隧道的断面（cross section）是变化的，不同断面上的支护和衬砌的尺寸不一致，因而施工时，技术较直线地段复杂。

（3）因为洞身弯曲，洞壁对气流的阻力加大、使通风条件（ventilation conditions）变差。

（4）由于曲线关系，洞内进行施工测量时，操作变得复杂，精度也有所降低。

（5）曲线隧道的维修养护（maintenance）工作条件不如直线隧道，而反向曲线隧道的条件比同向曲线隧道更差。

鉴于上述缺点，隧道内的线路最好采用直线，但当受到地形的限制，或是地质的原因，特别是线路走向的需要时，往往不得不采用曲线。

隧道曲线线路设置总的原则是应采用较大的曲线半径和较短的曲线长度，并尽量设在洞口附近，以减小其不利影响。

铁路隧道线路平面设计（plane design of railway tunnel route）除了上述缺点外，列车在洞内运行时，曲线使空气阻力加大，抵消了一部分机车牵引力（locomotive traction）；由于列车产生离心力（centrifugal force），再加上洞内空气潮湿，使得钢轨加速磨损（accelerated rail wear），从而使洞内的养护工作量增大。铁路隧道中的曲线地段，必须加宽和加高。铁路隧道内不宜设置反向曲线（reverse curve），因其维修养护比同向曲线复杂，列车运行亦不如同向曲线平稳。

二、隧道纵断面设计（Tunnel Longitudinal Profile Design）

隧道纵断面设计必须满足行车安全和行驶平稳的要求，并应考虑施工和养护的方便，设计主要考虑的因素是排水、施工、通风、越岭高程等，主要内容有：

1. 坡道形式（Slope Form）

（1）单面坡（single sided slope）。单面坡多用于线路的紧坡地段或是展线地区及河谷隧道中，以利争取高程，如图 3-6 所示。

优点：上下洞口存在高差，气压差和热位差促进自然通风；施工时低位洞口出渣方便，排水容易。

缺点：施工时高位洞口掘进出渣、排水不便，废弃多。

（2）人字坡（gable shaped slope）。人字坡常出现在越岭隧道、长大隧道中，如图 3-6 所示。

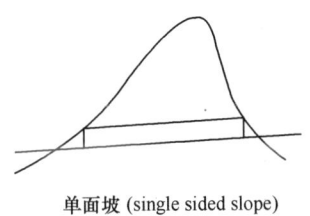 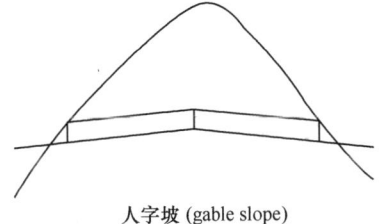

单面坡 (single sided slope)　　　人字坡 (gable slope)

图 3-6　坡道形式（ramp form）

优点：越岭适应地形，施工时有利掘进和排水。

缺点：运营时坡顶聚集废气，需加强机械通风，长大隧道应考虑设置通风竖井。

2. 坡度大小（Slope Size）

（1）隧道内最大限制坡度

铁路隧道内最大限制坡度不小于 0.3‰（排水要求）；公路隧道内最大限制坡度不大于 3％，不小于 0.3％，不同线路等级有不同的限坡，在隧道中还需对限坡折减。

（2）铁路隧道内的坡度折减（slope reduction）

受洞内湿度以及洞内空气阻力（air resistance）的影响，需要在最大限制坡度上乘以一个折减系数（reduction factor），具体情况见表 3-1。

表 3-1　电力、内燃牵引的隧道内线路最大限制坡度折减系数 m

(reduction coefficient (m) of maximum slope ratio restriction for railway tunnels with locomotive powered by electric and internal combustion respectively)

隧道长度（m）	电力牵引	内燃牵引
401～1000	0.95	0.90
1001～4000	0.90	0.80
>4000	0.85	0.75

注：最大限制坡度不分单、双机牵引，也不分单、双线速度。

3. 坡段长度（Slope Length）

对于铁路隧道，当列车经过变坡点时会产生附加力及附加速度，如果隧道内变坡点过多，就容易使旅客感到不适。同时，过多的变坡点也会给运营维修养护增加困难。因此隧道内的坡度宜设计长些，或不短于列车长度。

4. 坡段连接（Slope Section Connection）

为了行车平顺（smooth driving），两个相邻坡段坡度的代数差值（algebraic difference）不宜太大。从安全的观点出发，坡段间的代数差值 Δi_p 不应大于重车方向的限坡值（slope ratio limit value），否则就应在两个坡段之间插入一段缓和坡段（gentle connecting slope section）。当相邻坡度差大于一定限值时，设置缓和坡段已不能解决问题，而应在变坡点处设置竖曲线（vertical curve），还要注意竖曲线不应与缓和曲线重叠（overlap）。这些规定与洞外明线的要求是一样的。具体方法可参见铁路选线知识相关内容。

专业词汇汉英对照（Glossary）

专业词汇	拼音	英文
绕行方案	ràoxíng fāng'àn	detour plan
路堑方案	lùqiàn fāng'àn	open-cut plan
越岭隧道	yuèlǐng suìdào	mountains tunnel
分水岭	fēnshuǐlǐng	watershed
垭口	yākǒu	mountain pass
破碎带	pòsuìdài	fracture zone
单斜构造	dānxié gòuzào	monoclinal structure
褶曲构造	zhěqū gòuzào	fold structure
断层	duàncéng	fault
滑坡	huápō	landslide
岩堆	yánduī	rock pile
泥石流	níshíliú	debris flow
坡道形式	pōdào xíngshì	ramp form
单面坡	dānmiànpō	single sided slope
人字坡	rénzìpō	gable shaped slope
折减系数	zhéjiǎn xìshù	reduction factor

思考题（Questions）

(1) 越岭隧道选择时要考虑的主要因素有哪些？
(2) 隧道洞口位置选择的原则是什么？其工程意义是什么？
(3) 阐述隧道纵坡的类型、适用条件和限制坡度。

拓展阅读（Extensive Reading）

(1) 隧道位置选择

近年来，我国隧道建设的发展突飞猛进，隧道交通在交通运输方面占据很大比例，国家在隧道建设方面的投资也有相当的规模，但是隧道的安全与稳定问题依然存在，而这些问题的根源都在于隧道位置的选择，尤其在地质构造复杂的褶皱地区，隧道位置的选择显得尤为重要。

洞口位置的确定是隧道设计中的首要问题，历史经验证明洞口位置选定的原则不同将对隧道产生重大影响。20世纪50年代至70年代，采用苏联规范的等价点（某断面处1m隧道造价等于1m路堑挖方造价）来确定洞口位置，如宝成、宝天、丰沙等线均以此确定洞口位置，结果形成了洞口前深大路堑，洞口病害层出不穷，后期运营中80%以上不得不以接长明洞或增加支挡来进行病害整治，造成巨大的经济损失。70年代第一次修改隧道规范明确规定了洞口位置的选定要"早进晚出，宁长勿短"的设计原则，在此原则指导下保证了京原、成昆、川黔和滇黔等铁路线隧道的修筑及安全运营。直至90年代初，引入了新奥法设计原理，使隧道设计理念和施工方法实现了历史性的跨越。

(2) 隧道工程在国土利用、环境保护、节能减耗等方面的运用技术

隧道工程在国土利用、环境保护、节能减耗等方面成功运用的实例很多。如利用地下空间储存油气、货物、粮食和饮水；将城市闹市区汽车交通改入地下，以减少交通障碍，降低汽车尾气、噪声对多数人的伤害，且增加了中心市区绿地面积，改善了城市的环境；利用地下空间赋予的气温潜能改善地面建筑内的控温设施性能，较大限度地节约能耗等。由此隧道和地下工程技术的运用范围及前景非常广阔，商业价值也非同一般。

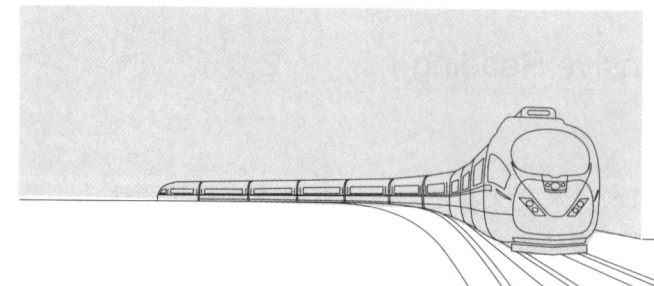

第四章

隧道主体建筑结构
Tunnel Main Structures

第一节 隧道限界与净空（Limit and Clearance of Tunnel）

一、基本概念（Basic Concept）

隧道净空是指隧道衬砌（tunnel lining）内轮廓线所包围的空间，是根据"隧道建筑限界"（tunnel structure circumscription）确定的。

隧道建筑限界是为了保证隧道内各种交通的正常运行与安全，而规定在一定宽度和高度范围内不得有任何障碍物的空间范围。

二、铁路隧道建筑限界（Structure circumscription of Railway Tunnel）

1. 普通铁路的限界标准（Limit Standard of General Railway）

（1）机车车辆限界（vehicle gauge）：满足我国各种型号的铁路机车所需的最大断面。

（2）铁路建筑接近限界（approaching limit of railway structure）：全国铁路线上所有建筑物都不允许侵入的净空范围，以保证列车往来行驶绝无刮碰并安全通过。

（3）隧道建筑限界：列车在运行中会发生左右的摇摆；隧道施工时，会有尺寸上误差；衬砌建成后会有稍稍的固结变形（consolidation deformation）；测量时，总会有在容许范围内的误差；线路敷设时会有偏离中心线（center line）误差，等等。为了预留这些可能因素的位置，稍稍放宽一些构成隧道净空（tunnel clearance）。

（4）隧道净空：指隧道衬砌内轮廓线（inner contour line）所包围的空间。

以上建筑限界关系示意图如图 4-1 所示。

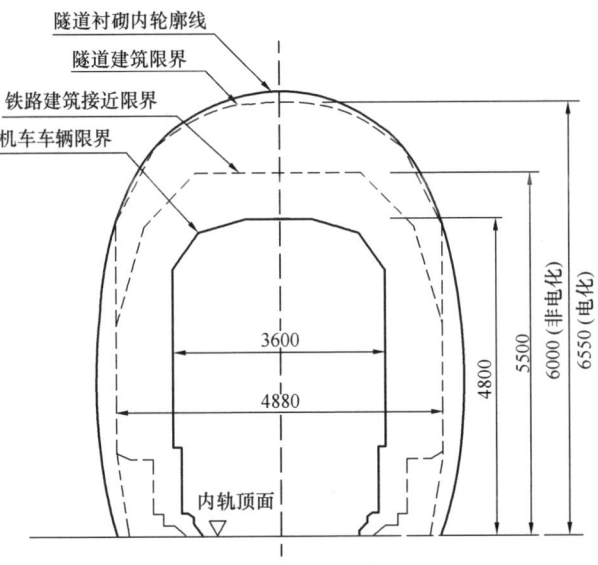

图 4-1 限界示意图 (gauge diagram)

中国现行电力牵引的单线、双线普通铁路隧道建筑限界如图 4-2 所示。

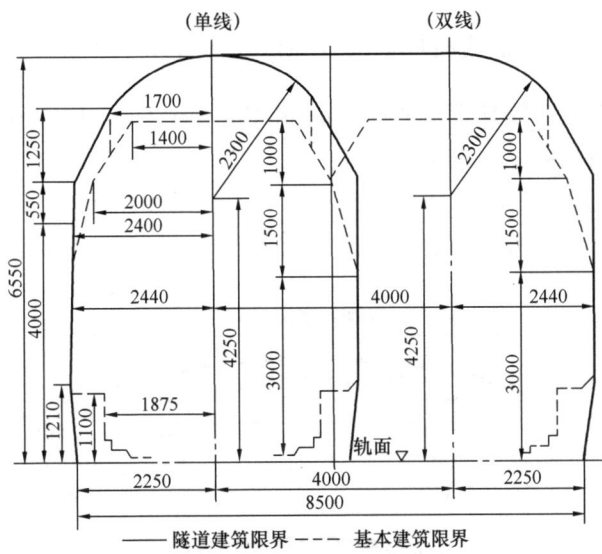

图 4-2 电力牵引的单线、双线隧道限界图 (single and double line electric traction tunnel boundary map)

2. 客运专线铁路隧道的限界标准 (Tunnel Limit Standard for Passenger Dedicated Railways)

中国现行 200km/h 及以上客运专线铁路隧道建筑限界如图 4-3 所示，200km/h 客货共线电力牵引铁路隧道建筑限界如图 4-4 所示。

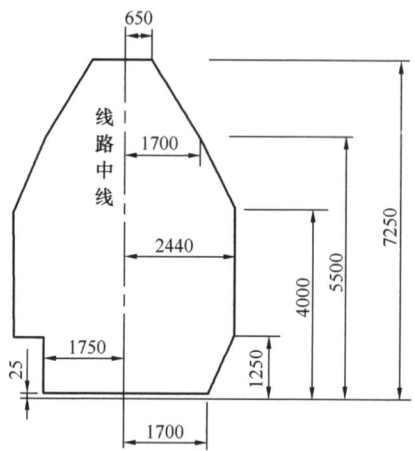

图 4-3 200km/h 及以上客运专线铁路
隧道建筑限界（单位：mm）
(structure circumscription of railway
tunnel for passenger dedicated line of
200km/h and above)

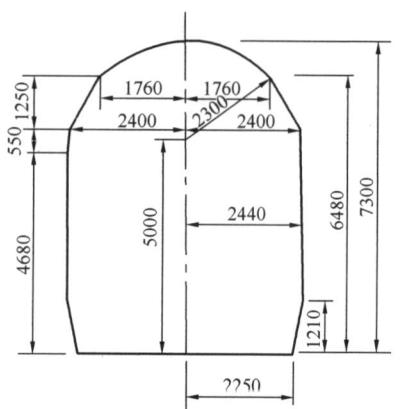

图 4-4 200km/h 客货共线电力牵引
铁路隧道建筑限界（单位：mm）
(tunnel structure circumscription of
200km/h passenger and freight
mixed line electrictraction railway)

第二节 隧道曲线段加宽（Widening of Tunnel Curve Section）

一、铁路隧道曲线加宽（Widening of Railway Tunnel Curve Section）

1. 加宽原因（Reason of Widening）

（1）车辆通过曲线，转向架（bogie）中心点沿线路运行，车辆由于不能弯曲而保持矩形形状。两端向曲线外侧偏移（deviation），中间向曲线内侧偏移，如图 4-5 所示。

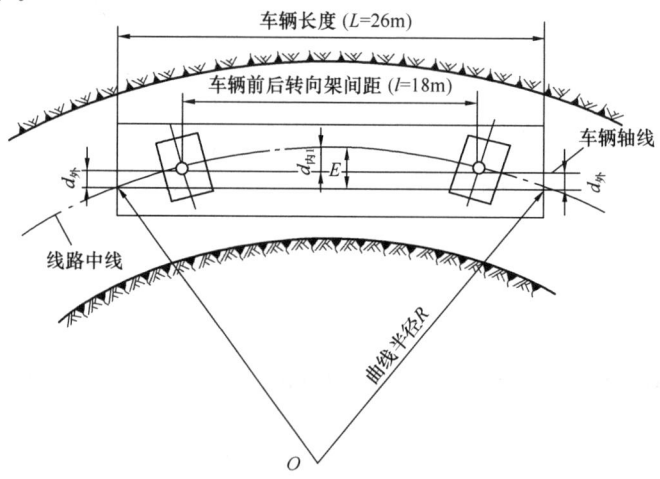

图 4-5 车辆在曲线上的平面图（a plan of the vehicle on a curve）

(2) 曲线外轨超高，车辆向曲线内侧倾斜，车辆限界控制点在水平方向向内移动一个距离，如图 4-6 所示。

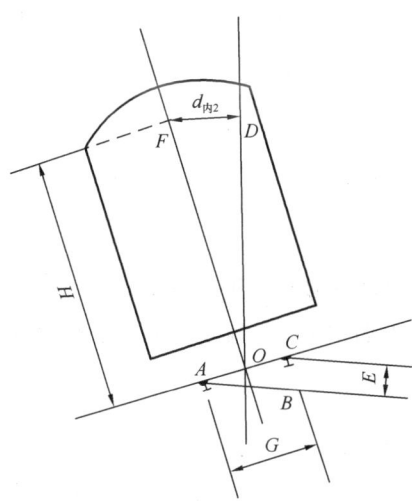

图 4-6 车辆在曲线上的横断面（a cross section of the vehicle on a curve）

故隧道加宽由 $d_{内1}$、$d_{内2}$、$d_{外}$ 三部分组成。

2. 总加宽值（Total Widening Value）

曲线隧道净空的加宽值见公式（4-1）～公式（4-3）：

内侧加宽： $$W_1 = d_{内1} + d_{内2} \tag{4-1}$$

外侧加宽： $$W_2 = d_{外} \tag{4-2}$$

总加宽： $$W = W_1 + W_2 = d_{内1} + d_{内2} + d_{外} \tag{4-3}$$

3. 单线铁路曲线隧道加宽值（Widening Value of Curved Tunnel of Single Line Railway）

(1) 车辆中间部分向曲线内侧的偏移（deviation）$d_{内1}$ 按公式（4-4）计算：

$$d_{内1} = \frac{l^2}{8R} = \frac{18^2}{8R} \times 100 = \frac{4050}{R}(\text{cm}) \tag{4-4}$$

式中 l——车辆前后转向架（bogie）中心间距，取 18m；

R——曲线半径（m）。

(2) 外轨超高使车体向曲线内侧倾斜偏移 $d_{内2}$ 按公式（4-5）计算：

$$d_{内2} = \frac{H \times E}{150} \tag{4-5}$$

式中 H——隧道限界控制点自轨面起的高度（cm）；

E——外轨超高值按公式（4-6）计算，其最大值不超过 15cm。

$$E = 0.76 \frac{v^2}{R} \tag{4-6}$$

式中　v——铁路远期行车速度（km/h）；
　　　R——曲线半径（m）。

（3）车辆两端向曲线外侧的偏移 $d_{外}$ 按公式（4-7）计算：

$$d_{外} = \frac{L^2 - l^2}{8R} = \frac{26^2 - 18^2}{8R} \times 100 = \frac{4400}{R} \quad (cm) \tag{4-7}$$

式中　l——标准车辆长度，我国为 26m。

故单线铁路曲线隧道总加宽的值按公式（4-8）计算：

$$d_{总} = d_{内1} + d_{内2} + d_{外} = \frac{8450}{R} + 2.7E \tag{4-8}$$

4. 单线曲线隧道中线与线路中线偏离距离

断面加宽后，隧道中线向曲线内侧偏移了一个距离 $d_{偏}$，如图 4-7 所示，则单线隧道偏移值为：$d_{偏} = \dfrac{d_{内} - d_{外}}{2}$。

5. 双线铁路曲线隧道加宽

$d_{内}$ 及 $d_{外}$ 计算与单线加宽值相同。内外侧线路中线间的加宽值 $d_{中}$ 按以下情况计算（图 4-8）。

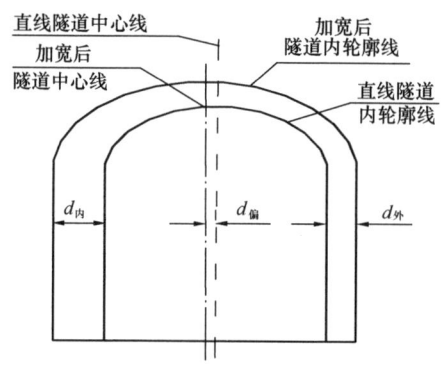
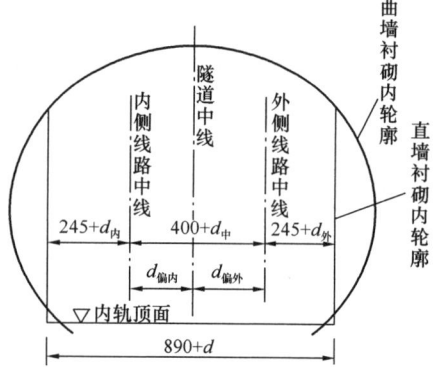

图 4-7　单线曲线隧道中线偏移（midline migration of single-line curved tunnel）　　图 4-8　双线曲线隧道中线偏移（midline migration in a two-line curved tunnel）

另外，内外侧线中线间需加宽原因：（1）外线车辆中部向两线中间平移；（2）而内线车辆端部向两线中间伸出；（3）当外侧线路外轨超高大于内侧线路外轨超高时中线偏移计算见公式（4-9）和公式（4-10）。

当外侧线路外轨超高大于内侧线路外轨超高时：

$$d_{中} = \frac{8450}{R} + \frac{H}{150} \times \frac{E}{2} \quad (cm) \tag{4-9}$$

式中　H——车辆外侧顶角距内轨顶面的高度，取 360cm；
　　　E——外侧线路的外轨超高值（cm）。

故有公式（4-10）：

$$d_{中} = \frac{8450}{R} + 1.2E \quad (4\text{-}10)$$

二、曲线铁路隧道加宽平面布置（Widen Value Layout of Curved Railway Tunnel）

1. 圆曲线（Circular Curve）
圆曲线按计算值 W 予以加宽。

2. 缓和曲线（Easement Curve）
曲线隧道与直线隧道的衬砌衔接如图 4-9 所示。

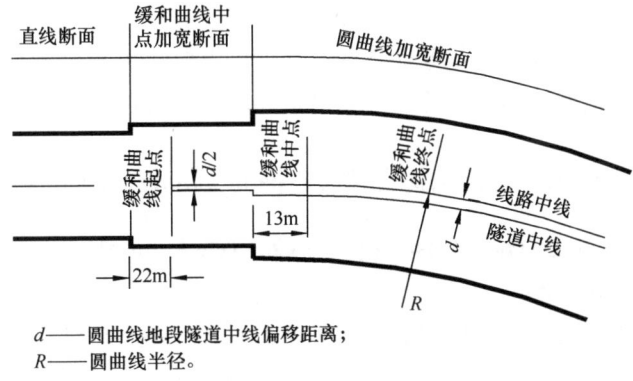

图 4-9　曲线隧道与直线隧道的衬砌衔接

(lining of a curved tunnel connects with a linear tunnel)

（1）自圆曲线终点至缓和曲线中点，并向直线方向延长 13m，采用圆曲线加宽断面。

（2）其余缓和曲线段，并自缓和曲线起点向直线段延长 22m，采用加宽值的一半。

（3）不同加宽值衬砌断面的衔接，可以采用错台或在 1m 范围内逐渐过渡的形式进行。

第三节　隧道衬砌断面设计（Tunnel Lining Section Design）

1. 设计内容（Design Content）

隧道衬砌为超静定结构（statically indeterminate structure），不能通过计算直接得到断面形状和截面尺寸，需依据经验和相关规范推荐方案初步拟定，再通过强度检算进行调整。

初步拟定衬砌形状和尺寸需考虑的因素包括：

（1）衬砌内轮廓线（lining inner contour line）。

(2) 结构轴线（axis structure）。
(3) 衬砌厚度（thickness of the lining）。

2. 设计目标（Design Goals）

(1) 隧道内轮廓必须符合隧道建筑净空限界（基本要求）。
(2) 内轮廓线应尽量减小洞室的体积（经济与限界）。
(3) 结构轴线应尽可能地符合压力线（受力合理）。
(4) 采用的施工方法能确保断面形状及尺寸有利于隧道的稳定（围岩稳定）。

3. 衬砌断面设计步骤（Steps of Lining Section Design）

(1) 根据隧道类型确定相应建筑限界。
(2) 根据围岩初步拟定截面形状和厚度。
(3) 断面优化，获取最优断面参数，并评价内轮廓线。
(4) 衬砌结构断面强度检算，当不满足要求时应反复修正。

第四节 衬砌结构类型（Type of Lining Structure）

一、现浇混凝土衬砌（Cast-in-place Concrete Lining）

1. 概念（Concept）

现浇混凝土衬砌也叫整体式混凝土衬砌、模筑混凝土衬砌，它是指就地灌筑混凝土衬砌。其工艺流程（process flow）为立模—灌筑—养护—拆模。

2. 优点（Advantages）

现浇混凝土衬砌的优点有：
(1) 对地质条件和施工条件的适应性较强；(2) 易于按需要成型；(3) 整体性好；(4) 抗渗性强。

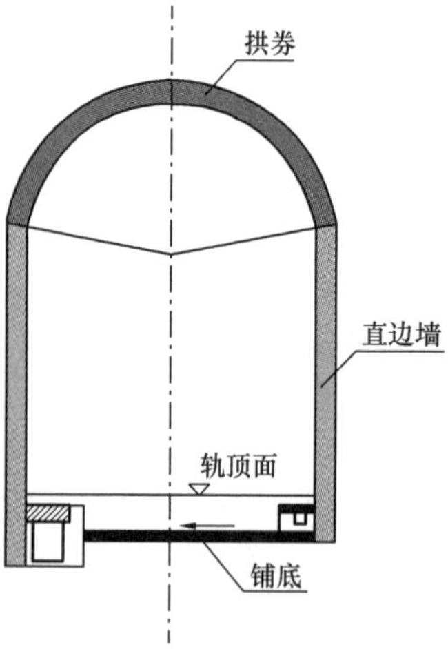

3. 缺点（Disadvantages）

现浇混凝土衬砌的缺点包括：(1) 需要养护时间；(2) 受力较慢。

4. 分类（Types）

整体式混凝土衬砌根据其结构特点分为直墙式衬砌（图 4-10）和曲墙式衬砌（图 4-11）。

(1) 直墙式衬砌（straight wall lining）
直墙式衬砌适用地质条件较好的Ⅰ、Ⅱ级围岩；或者围岩压力以竖向为主，几乎没有或仅有很小的水平侧向压力。其主要由上部拱圈、两侧竖直边墙和下部铺底组成。

(2) 曲墙式衬砌（curved wall lining）
曲墙式衬砌适用地质较差，岩体松散破碎，

图 4-10 直墙式衬砌
(straight wall lining)

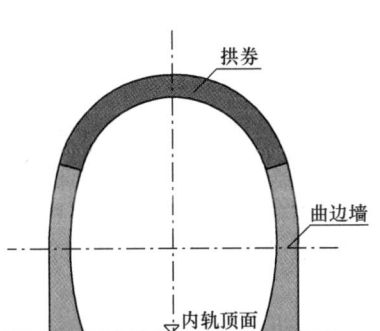

图 4-11 曲墙式衬砌（curved wall lining）

强度不高的围岩；或者侧向水平压力较大有地下水的情况，主要由顶部拱圈、侧面曲边墙和底部仰拱组成。

二、装配式衬砌（Fabricated Lining）

1. 概念

因隧道施工工业化和机械化发展而出现的，这种衬砌先是在工厂（或现场）预制成若干构件，然后运入隧道内，用机械将这些构件拼装成一环接一环的衬砌。目前多在使用盾构法（shield tunnel）施工的城市地下铁道中应用。

2. 优点

装配式衬砌优点包括：（1）可立即承受围岩压力；（2）工厂化、机械化，改善劳动条件；（3）不需临时支撑可节省大量材料及劳力；（4）速度快，工期短，造价低。

3. 缺点

装配式衬砌缺点为：（1）接缝多，整体性差；（2）抗渗性差，防水困难；（3）需要足够的拼装空间；（4）制备构件尺寸上要求精度高。

三、单层锚喷衬砌（Single Layer Shotcrete Lining with Anchor Bolt）

1. 概念

喷射混凝土是以压缩空气为动力，将掺有速凝剂（hardening agent）的混凝土拌和料和水混合成为浆料，喷射到坑道的岩壁上凝结而成的。在围岩不够稳定时，可加设锚杆（anchor）和金属网，构成一种支护形式，简称"喷锚支护"。

2. 作用机理（Mechanism of Action）

（1）喷射混凝土充填裂隙、封闭围岩壁面，靠喷层与围岩的黏结力及自身的抗剪能力组成一个新的承载结构体系；

（2）通过锚杆的悬吊效应、组合梁效应、加固效应以发挥围岩自承能力；

(3) 形成一种柔性衬砌结构，与围岩合成一体，共同作用，充分调动或发挥围岩的自稳能力。

3. 锚喷支护类型 (Tyges of Anchor Bolt with Shotcrete Support)

锚喷支护类型包括：(1) 锚杆支护；(2) 喷射混凝土支护；(3) 喷射混凝土＋锚杆联合支护；(4) 喷射混凝土＋锚杆＋钢筋网联合支护；(5) 以上类型加设型钢支撑或格栅拱架而成的联合支护。

4. 优点

(1) 充分发挥围岩的自承能力，因而有效地利用洞内净空；
(2) 施工简便，提高作业安全性和作业效率；
(3) 使坑道断面缩小，从而减少了开挖量，也节省圬工。

第五节 隧道洞口结构 (Tunnel Portal Structure)

一、洞门的概念与作用 (definition and function)

1. 概念

洞门是指在隧道洞口用圬工砌筑 (masonry) 并加以一定建筑装饰的支挡结构物 (retaining structure)。

2. 洞门作用 (Role of Tunnel Portal)

(1) 减少洞口土石方开挖量；(2) 稳定边坡；(3) 引离地表流水；(4) 装饰洞口。

二、洞门的形式 (Form of Tunnel Portal Structure)

1. 环框式洞门 (图 4-12)

(1) 适用条件：Ⅰ级围岩，地形陡峻而又无排水要求。

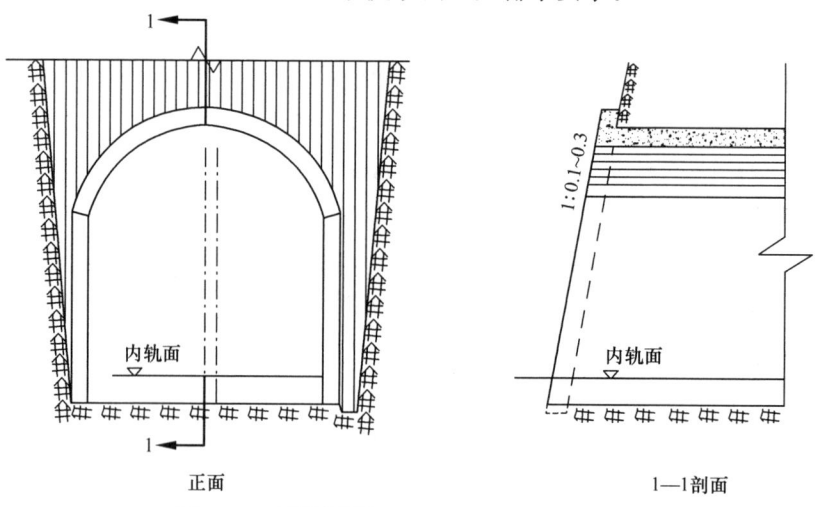

图 4-12 环框式洞门 (ring-frame type portal)

(2) 作用：不承载，加固洞口，减少雨后洞口滴水，简单装饰。

2. 端墙式洞门（图 4-13）

(1) 适用条件：适于地形开阔，岩质基本稳定的Ⅰ～Ⅲ级围岩。

(2) 作用：能有效抵抗山体纵向推力；支护洞口仰坡，并将仰坡水汇集排出。

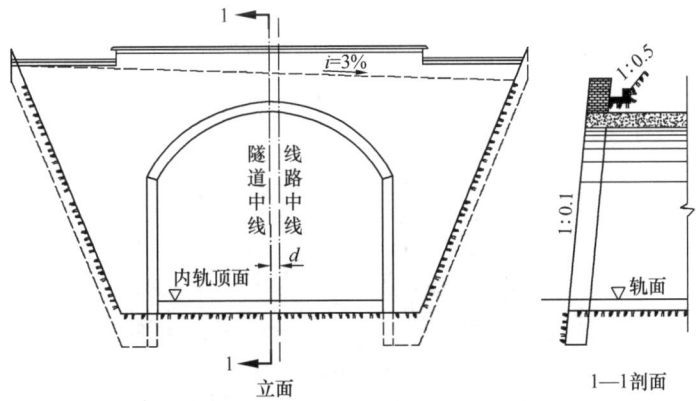

图 4-13　端墙式洞门（end wall type portal）

3. 翼墙式洞门（图 4-14）

(1) 适用条件：山体纵向推力较大，洞口地质较差的Ⅳ～Ⅵ级围岩。

(2) 作用：增加洞门的抗滑动和抗倾覆能力。

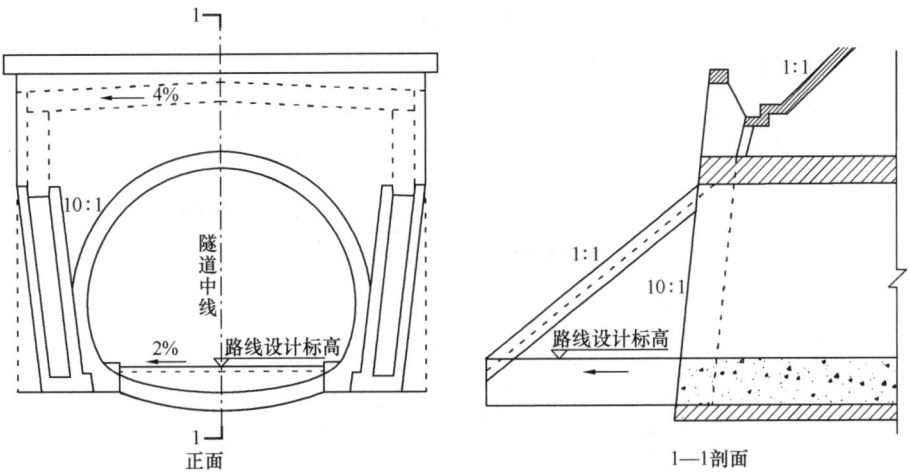

图 4-14　翼墙式洞门（winged portal）

4. 柱式洞门（图 4-15、图 4-16）

(1) 适用条件：地形较陡，地质条件较差，仰坡可能下滑，而又受地形或地质、条件限制，不能设置翼墙时。

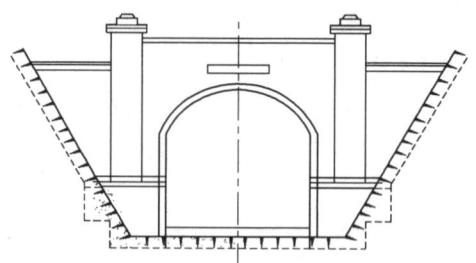

图 4-15 柱式洞门（pillar portal）

图 4-16 柱式洞门实例图（example diagram of column portal）

（2）作用：①可以在端墙中部设置两个断面较大的柱墩，以增加端墙的稳定性；②美观，适宜城市风景区隧道或长大隧道洞门。

5. 台阶式洞门（图 4-17）

（1）适用条件：适于傍山侧坡地区，洞门一侧边坡较高时。

（2）作用：减小仰坡高度及外露坡长，减少开挖量。

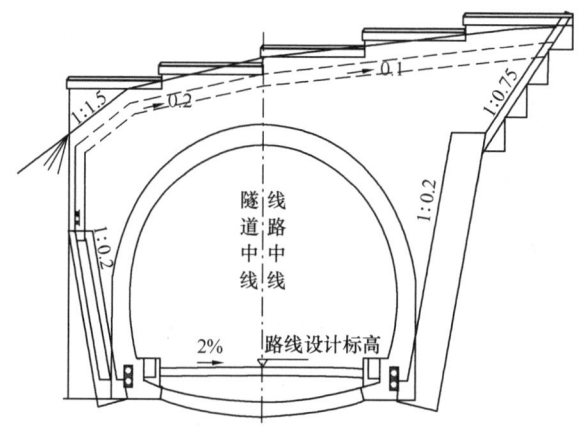

图 4-17 台阶式洞门（stepped portal）

6. 斜交式洞门（图 4-18）

（1）适用条件：线路方向与地形等高线斜交时。
（2）要求：洞门与线路中线的交角不应小于 45°。

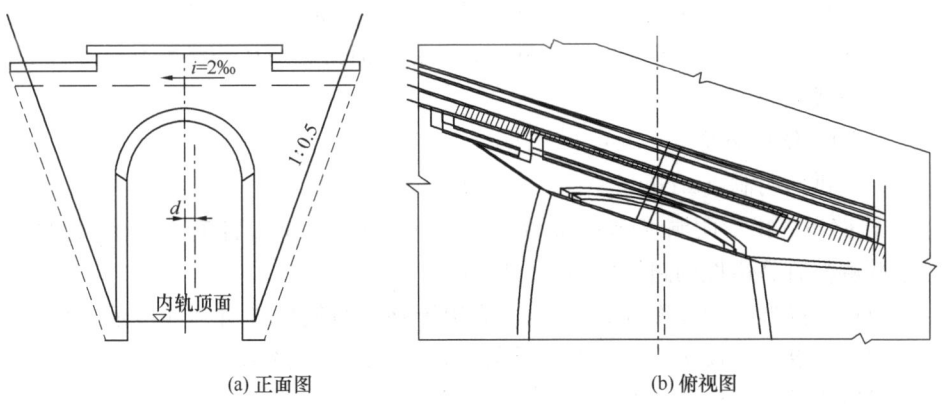

图 4-18　斜交式洞门（oblique portal）

7. 削竹式洞门（图 4-19）

适用条件：洞口段有较长的明洞衬砌，由于洞门背后一定范围内是以回填土为主，山体的推滑力不大；地形相对比较对称且不太陡峻。

特点：（1）洞口边仰坡开挖少；（2）减少对植被的破坏和有利于保护环境；（3）适用各种围岩级别。

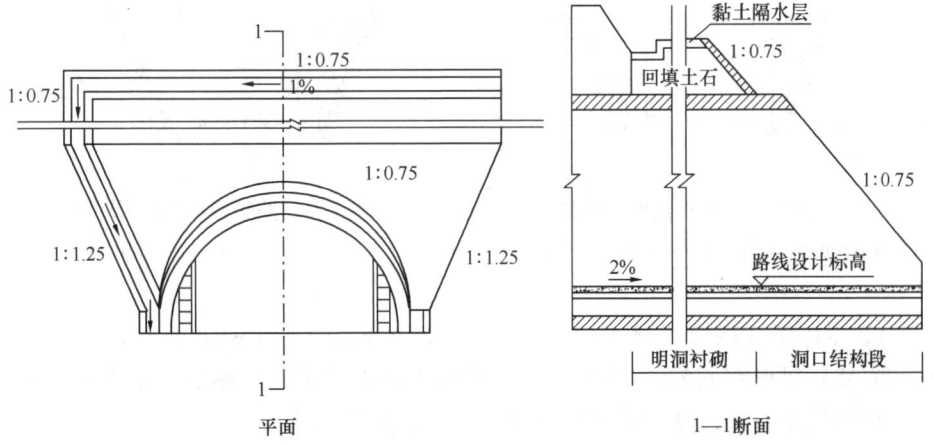

图 4-19　削竹式洞门（cut bamboo type portal）

三、明洞结构（Structure of Open-cut Tunnel）

1. 明洞及其适用条件（Suitable Conditions of Open-cut Structure）

（1）概念

明洞是用明挖法修建的隧道，所谓明挖，就是把岩体挖开，再露天修筑衬砌，然后回填土石。

(2) 适用条件

①隧道的进出口处；②地质条件差且覆盖层薄，暗挖法难进洞；③洞口路堑边坡有落石而危及行车安全时；④铁路、公路、河渠必须在铁路上方通过且不宜做立交桥或涵渠。

2. 明洞结构类型

(1) 拱形明洞（arching structure for open-cut）

① 路堑式拱形明洞（arching structure for open-cut）。路堑式拱形明洞是指位于两侧都有高边坡的路堑中的明洞结构。

对称式拱形明洞如图 4-20 所示，适用于路堑边坡处于对称或接近对称，边坡岩层基本稳定，仅防边坡有少量坍塌、落石，或用于隧道洞口破碎，覆盖层较薄而难以用暗挖法修建的隧道。

路堑偏压式拱形明洞如图 4-21 所示，适用于两侧边坡高差较大的不对称路堑。其特点是承受不对称荷载，拱圈为等截面，而边墙的外侧厚。

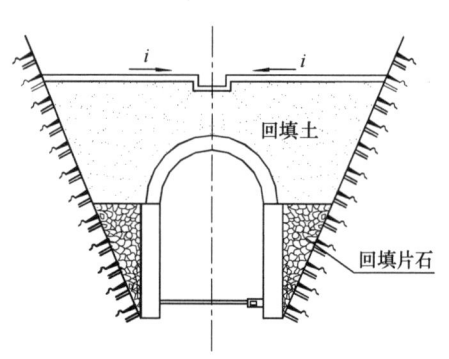 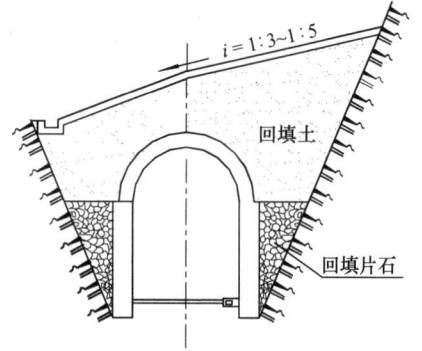

图 4-20　对称式拱形明洞　　　　图 4-21　路堑偏压式拱形明洞

（symmetrically arched open-cut tunnel）　（bias arch open-cut tunnel）

② 半路堑式拱形明洞（arching structure for open-cut with sigle side slope）。偏压斜墙式拱形明洞如图 4-22 所示，适用于倾斜地形，低侧处路堑有较宽敞的地面供回填土石，以增加明洞抵抗侧向压力的能力。

单压耳墙式拱形明洞如图 4-23 所示，适用于外侧地形低下，不能保持回填土的天然稳定坡度，或是按天然稳定坡度则边坡将延伸很远的情况。

(2) 棚式明洞（open-cut tunnel with shed）

棚式明洞顶板一般为梁式结构，内侧边墙一般采用重力式挡墙，当岩层稳定完整，山体坡面较陡，采用重力式挡墙开挖量较大时，也可采用钢筋混凝土

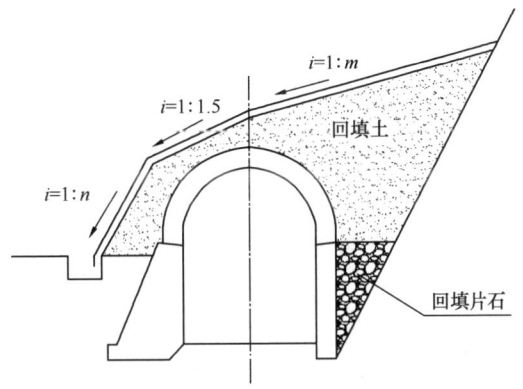

图 4-22　偏压斜墙式拱形明洞（inclined wall type open-cut with biased earth pressure）

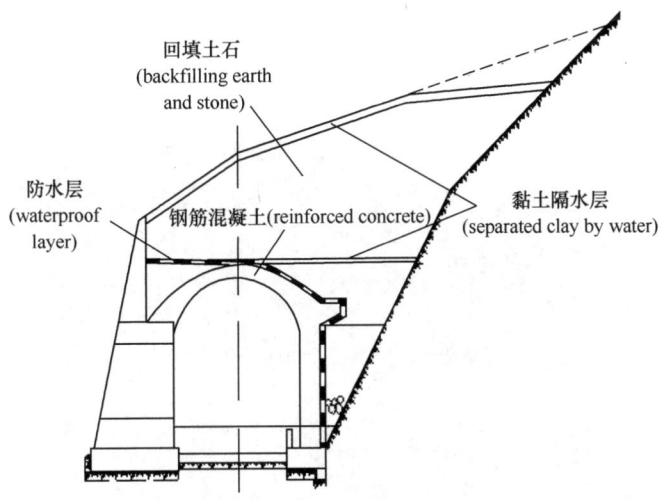

图 4-23　单压耳墙式拱形明洞（ear wall type arched open-cut tunnel）

锚杆挡墙，有地下水发育地段不宜采用。棚式明洞的类型主要是取决于外侧边墙的结构形式，根据山侧岩层的具体条件，内侧选用重力式边墙或锚杆挡墙等形式。

① 盖板式明洞（open-cut tunnel with cover plate type shed）。盖板式明洞是由内墙、外墙及钢筋混凝土盖板组成简支结构，其上回填土石，如图 4-24 所示。盖板式明洞隧道实例如图 4-25 所示。

② 钢架式明洞（open-cut tunnel with steel frame type shed）。钢架式明洞采用钢架式外墙，适用于地形狭窄，山坡较陡，基岩埋置较深而上部地基稳定性差的位置。其作用是使基础置于基岩上且减小基础工程量。

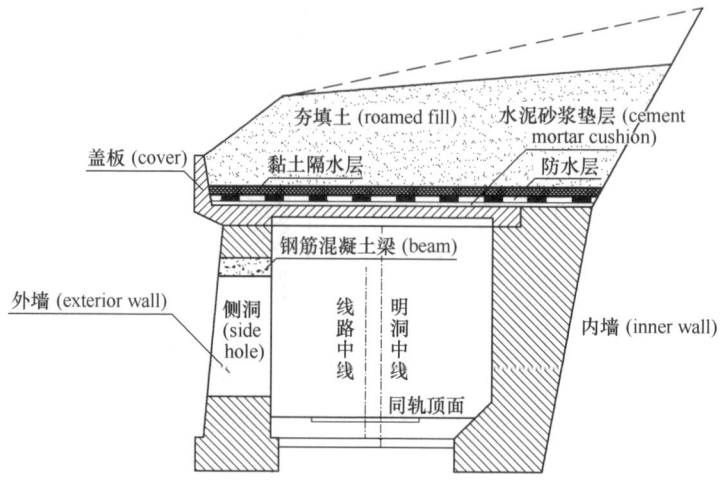

图 4-24 盖板式明洞剖面（cover plate type open-cut tunnel section）

图 4-25 盖板式明洞隧道实例（a real case of cover plate type open-cut tunnel）

③ 悬臂式明洞（open-cut tunnel with cantilever type shed）（图 4-26）。悬臂式明洞内墙为重力式结构，上端接悬臂式横梁，其上铺以盖板，在盖板的内端设平衡重来维持结构受外荷载作用下的稳定性。适用于稳定而陡峻的山坡，外侧地形难以满足一般明洞的地基要求，且落石不太严重的情况。

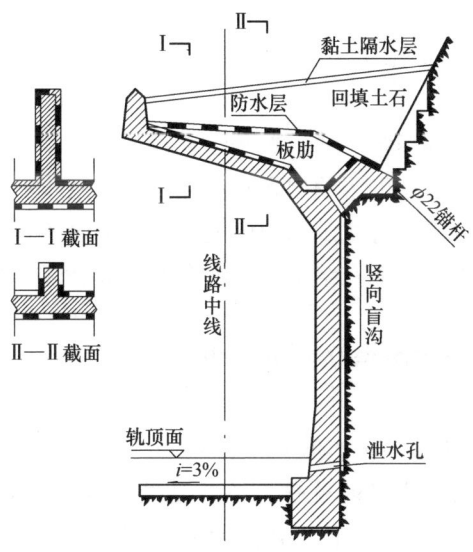

图 4-26 悬臂式明洞剖面（profile of cantilever type shed）

专业词汇汉英对照（Glossary）

专业词汇	拼音	英文
隧道限界	suìdào xiànjiè	limit of tunnel
隧道净空	suìdào jìngkōng	tunnel clearance
建筑限界	jiànzhù xiànjiè	structure circumscription
机车车辆限界	jīchē chēliàng xiànjiè	vehicle gauge
铁路隧道	tiělù suìdào	railway tunnel
公路隧道	gōnglù suìdào	highway tunnel
圆曲线	yuánqūxiàn	circular curve
缓和曲线	huǎnhé qūxiàn	easement curve
内轮廓线	nèilúnkuòxiàn	inner contour line
现浇混凝土衬砌	xiànjiāo hùnníngtǔ chènqì	cast-in-place concrete lining
装配式衬砌	zhuāngpèishì chènqì	fabricated lining
单层锚喷衬砌	dāncéng máopēn chènqì	single layer shotcrete lining with anchor bolt
作用机理	zuòyòng jīlǐ	mechanism of action
明洞	míngdòng	open-cut tunnel
棚式明洞	péngshì míngdòng	open-cut tunnel with shed

思考题（Questions）

（1）确定隧道建筑限界需要考虑哪些因素。
（2）铁路隧道断面形状的影响因素有哪些？
（3）明洞与暗洞的施工方式及结构形式有哪些主要差异？
（4）拱式明洞与棚式明洞在结构形式上有什么显著区别？

拓展阅读（Extensive Reading）

（1）特大、复杂断面隧道工程施工

"特大断面"是指多线径的铁路、公路隧道，地铁车站、地下厂房和储库等，其断面面积一般大于$100m^2$，施工中同一断面上的同一工序要分部多次进行的工程对象。隧道及地下工程施工始终面临着地层应力和结构应力的转换，从力的平衡到不平衡、再到新的平衡的建立，是个复杂而隐蔽的过程。尤其是特大断面的施工，工序多、转换快、流程长，由于地层围岩和支护结构受力变化幅度较大，因而其构筑方法和工艺对施工安全和工程质量有着直接的影响，其技术难度相当突出。随着社会高度发展，特大断面的隧道和地下工程运用会越来越多，进行特大断面的隧道及地下工程构筑技术研究也显得十分紧迫。

（2）装配式管片衬砌

盾构隧道通常采用钢筋混凝土管片衬砌，但钢筋混凝土管片往往用钢量大、钢筋笼制作劳动强度高、作业环境较差。近几十年来，纤维混凝土管片的研究，特别是钢纤维混凝土管片的研究和应用取得较大进展。其主要目标是提高隧道管片的耐久性，简化施工，节省造价。目前应用较多的是钢纤维混凝土管片，已在近20个国家中的近百个隧道工程中得到应用。钢纤维的掺量一般为每立方米混凝土30~50kg。钢纤维混凝土管片有两种类型，一种是没有采用钢筋的纯钢纤维混凝土管片，另一种是保留少量钢筋的钢纤维混凝土管片。在地质条件较好的隧道采用纯钢纤维混凝土管片；在断面较大、地质条件较差的隧道则采用少量钢筋加钢纤维的混合型管片。

除钢纤维混凝土管片外，近些年还在合成纤维、合成纤维筋、玄武岩纤维等材料性能研究和应用方面做了较多研究。如采用钢纤维和少量合成纤维筋的混凝土管片的研究，试验结果表明这种组合的纤维混凝土管片可以提高峰值承载能力、降低裂缝宽度。此外，值得一提的是玄武岩纤维的研究。这种纤维是由玄武岩的极细纤维制成的一种材料，由斜长石、辉石、橄榄石等矿物组成。其性质类似于碳纤维和合成纤维，比合成纤维具有更好的物理力学性能，而且比碳纤维便宜得多。玄武岩纤维是天然的惰性纤维，无毒，不可燃，防爆，而且自然界中储量丰富。除了钢纤维混凝土管片应用较多外，其他纤维混凝土管片大多处在研究试验阶段，实际工程应用还不多。

(3) 洞门结构选型

设计师在设计时，会针对隧道地质特点、洞口地形，因地制宜选取合适的洞门类型。通常需要观察等高线的交角与线路走向，有时需要进行手动点绘横纵断面来确定洞门类型。当等高线与线路基本垂直时，可选择端墙式洞门或斜切式；当等高线与线路相交角度较小时，则采用台阶式洞门；当洞口地势比较平缓时，为确保运营与施工的安全，还需要考虑设置明洞洞门。传统的断面设计方法依旧存在着较大的问题，当洞门"帽子"放置在横断面相应位置后，设计师只能通过平面和特定的剖面，抽象地判断洞门结构是否在三维环境下与当前地形相适应，很难确保当前洞门结构是否符合绿色环保等要求。针对这个问题，现在又有了BIM技术的隧道洞口二三维同步设计方法。

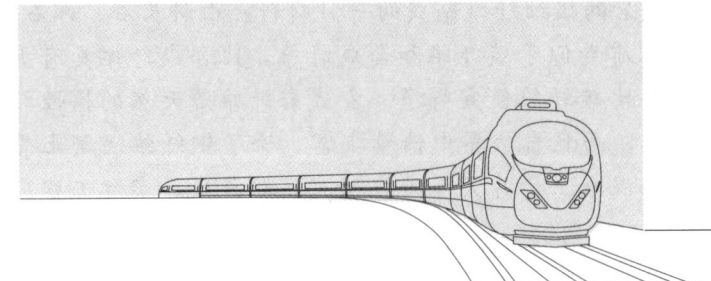

第 五 章

隧道附属结构与设施
Tunnel Auxiliary Structure and Facilities

第一节 概述（Introduction）

修建附属建筑（outbuilding）的目的是保证车辆安全运行和使隧道能正常使用。附属建筑主要包括：安全避让设施（safety avoidance facilities）、照明与通风设施（lighting and ventilation facilities）、电力通信与信号设施（power communication and signaling facilities）、防灾救援设施（disaster prevention and rescue facilities）、防排水设施（waterproof and drainage facilities）等。由于行驶的车辆不同，铁路隧道与公路隧道的附属建筑物有一定的区别。

第二节 隧道附属洞室（Tunnel Auxiliary Structure）

一、铁路隧道附属洞室

1. 避车洞的概念（Concept of Refuge Hole）

列车通过隧道时，为保证洞内人员及维修设备（maintenance equipment）安全，在隧道两侧边墙上交错均匀地修建了洞室，用于躲避列车，故称之为避车洞。根据避车洞室的大小，可分为大避车洞和小避车洞。大避车洞用来存放维修设备与材料，小避车洞主要是方便人员躲避列车。避车洞的布置如图 5-1 所示。

2. 避车洞的布置（Layout of Refuge Hole）

（1）大避车洞布置（layout of large refuge hole）

① 碎石道床（gravel track bed）每侧每隔 300m 布置一个。

② 整体道床（monolithic track bed）每侧每隔 420m 布置一个。

③ 隧道长度在 300~400m 时，在隧道中间布置一个。

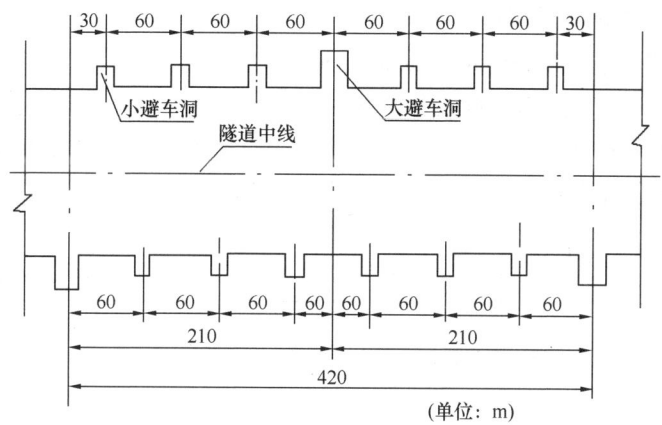

图 5-1　避车洞的布置（layout of refuge hole）

④ 隧道长度在 300m 以下可不布置大避车洞。

注：隧道长度 300m 以下时，如果两端洞口接桥（bridge）或路堑（road cut），当桥上无避车台（shelter）或路堑两边侧沟外无平台（platform）时，应与隧道一并考虑布置大避车洞。

（2）小避车洞布置（layout of small refuge hole）

① 单线隧道（single-track tunnel）每侧每隔 60m 布置一个小避车洞。

② 双线隧道（two-lane tunnel）每侧每隔 30m 布置一个小避车洞。

（3）整体布置原则（principle of overall arrangement）

① 隧道内大、小避车洞应交错设置（staggered setting）于两侧边墙内，大避车洞之间设小避车洞。

② 不得将避车洞设于衬砌断面变化处、不同衬砌类型衔接处（convergence）或变形缝处（deformation seam）。

③ 隧道行人较多，或曲线半径小、视距（line of sigh）较短时，小避车洞还可适当加密（encryption）。

3. 避车洞底部标高要求（Elevation Requirements for the Bottom of Refuge Hole）。

（1）直线段且有人行道时避车洞底面与人行道（sidewalk）顶面齐平。

（2）直线段无人行道时避车洞底面与道砟顶面（ballast top surface）或侧沟盖板（side groove cover）顶面齐平，采用整体道床（monolithic track bed）时，与道床面齐平。

（3）采用碎石道床（gravel track bed）的曲线段隧道上，根据不同的超高值（super high value），可计算线路内侧和外侧的避车洞底面低于内轨顶面的高度。

4. 避车洞净空大小（Clearance Size of Refuge Hole）

避车洞基本尺寸应与避车洞衬砌类型及隧道衬砌类型相适应。

二、公路隧道附属洞室

1. 紧急停车带 (Emergency Parking Strip)

隧道紧急停车带是用于行驶车辆发生故障（fault）时紧急停车使用的停车位置。目前，我国参照 piarc 推荐值，规定 2km 以上隧道必须设置宽 2.5m，长 25～40m 的紧急停车带，间隔 750m，如图 5-2 所示。

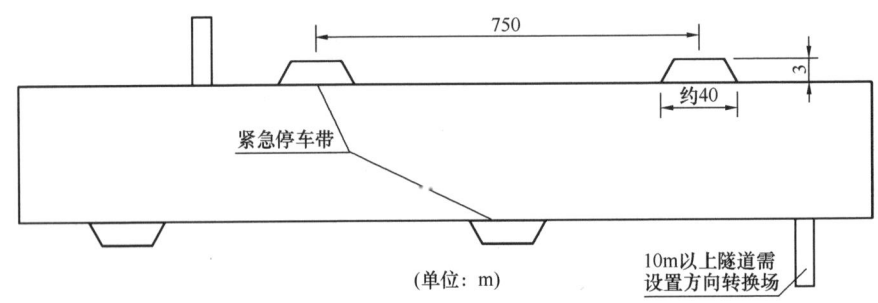

图 5-2 紧急停车带和方向转换场
(emergency parking strip and direction conversion field)

2. 横洞和预留洞室 (Cross Hole and Reserved Hole)

《公路隧道设计规范》（JTG 3370.1—2018）规定，500m 以上的高速公路隧道和一级公路隧道宜设置专用消防器材洞室、行车方向分离的双洞公路隧道，当长度超过 400m 时宜设置行人横洞，长度超过 800m 时宜设置行车横洞。横洞间距尺寸见表 5-1。

表 5-1 横洞间距尺寸 (tunnel spacing dimensions)

名称	间距 (m)	尺寸 (m) 宽	尺寸 (m) 高
行人横洞	200～300	2.0	2.2
行车横洞	400～500	4.0	4.5

第三节 运营通风设施 (Ventilation Facilities)

一、通风方式分类 (Types of Ventilation Facilities)

通风方式分类如图 5-3 所示。

二、通风方式 (Ventilation Mode)

1. 射流式纵向通风 (Jet Longitudinal Ventilation)

射流式纵向通风基本原理和铁路隧道纵向射流通风一样。在同一个断面上设置 1～2 台风机，风机的纵向间距为 70m 左右，风机距洞口的距离可长些，可取

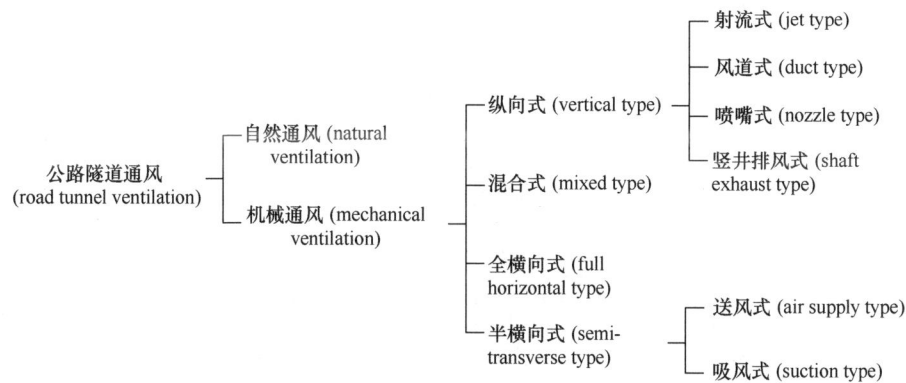

图 5-3 通风方式分类 (types of ventilation facilities)

100m。双向交通时可用于长度 1km 以下的隧道，单向交通时可用于 2km 左右的隧道。

2. 带竖井的纵向式通风 (Longitudinal Ventilation with Shaft)

在长大隧道中，竖井用于排气时，起到了烟囱的作用，效果很好。竖井集中分段送排式示意图如图 5-4 所示，竖井纵向通风示意图如图 5-5 所示。

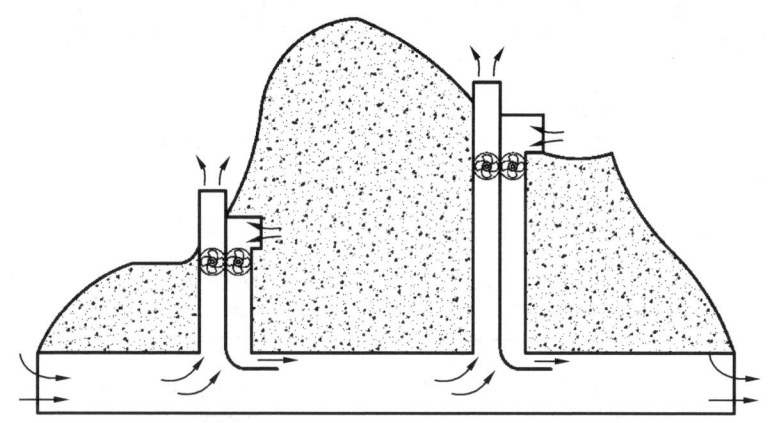

图 5-4 竖井集中分段送排式示意图 (shaft centralized sectional discharge type)

3. 半横向式通风 (Semi-transverse Ventilation)

半横向式通风的特点为将新鲜空气经送风道直接吹向汽车的排气孔高度附近，直接稀释排气，污浊空气在隧道上部扩散，经过两端洞门排出洞外。

4. 全横向式通风 (Full Transverse Ventilation)

全横向式通风为风在隧道的横断面方向流动，一般不发生纵向流动，因此有害气体的浓度在隧道轴线方向的分布均匀。该通风方式有利于防止火灾蔓延和处理烟雾。隧道全横向通风在双向交通和单向交通情况下的通风方式和对应的各个

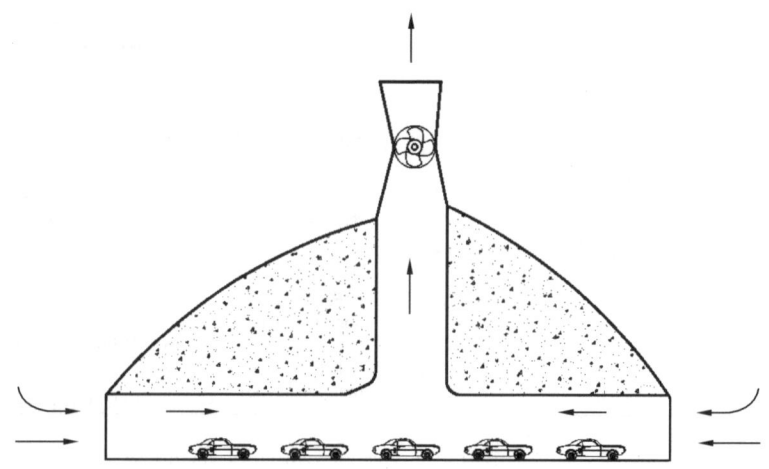

图 5-5　竖井纵向通风示意图（longitudinal ventilation with shaft）

部位的风压、风速、空气污染浓度如图 5-6 所示。

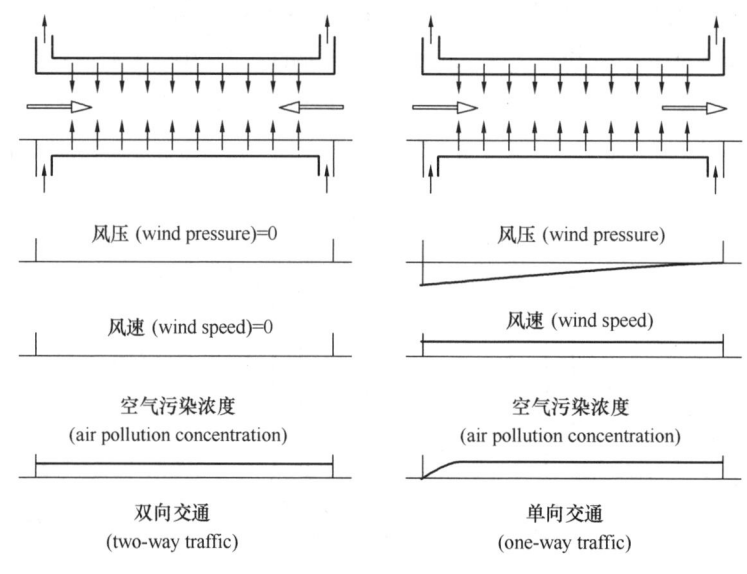

图 5-6　全横向式通风（full transverse ventilation）

5. 混合式通风

混合式通风一般用于长大公路隧道，没有固定的格局，可以由上述几种基本通风方式组合而成。组合方式有多种，但必须符合一般性的设计原则，力求既经济，又实用。

三、隧道类型与通风方式选择（Tunnel Type and Ventilation Mode Selection）

影响隧道通风方式的因素为：隧道长度（tunnel length）、隧道交通条件

(tunnel traffic conditions)、隧道所处地层的地质条件（geological conditions of stratum in which the tunnel is located）、隧道所处地区的地层与气候条件（stratum and climate conditions of tunnel area）。

水底隧道主要考虑重要性和安全性，一般采用全横向式通风。城市隧道主要考虑舒适性和稳定性，一般采用全横向式和半横向式。山岭隧道主要考虑经济性，一般采用纵向式通风和半横向式。

四、通风风速与交通条件（Ventilation Speed and Traffic Conditions）

单向交通隧道设计风速不宜大于 10m/s，特殊情况可为 12m/s；双向交通的隧道设计风速不应大于 8m/s；人车混合通行的隧道设计风速不应大于 7m/s。

单向交通时，车速越大，大型车比例越高，车道的平均截面积与隧道的过风面积的比值越小，活塞作用越显著。双向交通时风流效果互为抵消，几乎无活塞作用。

第四节 运营照明设施（Operating Lighting Facilities）

一、运营照明设施

隧道运营的视觉问题（visual problems in tunnel operation）包括黑（白）洞效应（图 5-7）（black/white hole effect）、适应滞后现象（adaptation lag phenomenon）、隧道烟雾能见度低（low visibility of tunnel smoke）和出洞口眩光（outlet glare）。

(a) 黑洞效应 (black hole effect)　　(b) 白洞效应 (black frame effect)

图 5-7 隧道运营的视觉问题

照明设置区段按图 5-8 划分。

司机（driver）开始注视之点称为注视点（fixation point）。继续接近洞口时，司机视野（view）中外界景物会逐渐减少，当行驶至某位置时，外界景物会全部消失，在司机眼前看到的仅是洞口，这时距洞口的距离约为 10m，这点称为适应点。

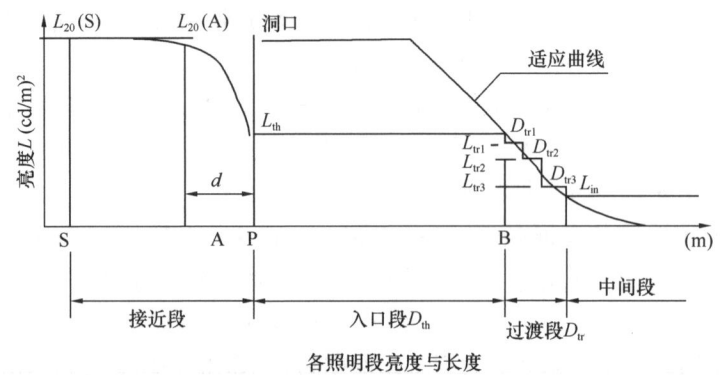

图 5-8 照明设置区段（lighting setup section division）

P—洞口（或棚口）；S—接近段起点；A—适应点；d—适用距离；L_{20}(S)—洞外亮度；
L_{20}(A)—适应点亮度；L_{th}—入口段亮度；L_{tr1}、L_{tr2}、L_{tr3}—过渡段亮度；
L_{in}—中间段亮度；D_{tr1}、D_{tr2}、D_{tr3}—过渡段 1、2、3 段长度

（1）在洞口前，从注视点到适应点之间的一段路，在照明上称为接近段（approaching section）。

（2）入口段（entrance section）指进入隧道洞口的第一段，如设置了遮阳棚等光过渡建筑，则其入口为该段的开始点。

（3）过渡段（transition section）介于入口段和中间段之间的区段。其任务是解决从入口段的高亮度到中间段的低亮度之间的剧烈变化（可差数十倍）给司机造成的不适应现象，使之能有充分的适应时间。

（4）中间段（middle section）也称基本段，此时司机已适应洞内光线。

（5）单向交通隧道中，应设置出口段（exit section）照明，以便缓和白洞效应带来的不利影响。双向交通隧道中，无出口段照明。

二、照明光源与照明灯具（Lighting Light Source and Lighting Lamps）

1. 照明光源的选择（Selection of Lighting Source）

在满足照明质量、环境条件及防触电保护要求的情况下，尽量选择光输出比高、利用系数高、寿命长、光通衰减少的照明器。

2. 照明灯具的布置（Arrangement of Lighting Lamps）

隧道照明灯具的布置方法很多，可安装在拱顶、墙壁或吊装顶棚上，沿隧道纵向有单排布置的，也有双排布置的，在双排布置的情况下，既有成对布置的，也有交错布置的。

三、减光建筑与减光措施（Dimming Architecture and Measures）

1. 减光建筑（Dimming Architecture）

（1）遮阳棚（shading shed）：设置在洞口外，是为减弱自然光亮度而建造的

拱棚状构造物。网孔设计应避免阳光直接投射到路面上。

（2）遮光格栅（shading grille）：也是一种棚状减光建筑物，但构造较简单。与遮阳棚的根本区别是允许阳光直接投射到路面上。

2. 减光措施（Dimming Measures）

（1）从接近段起点起，在路基两侧种植常青树；

（2）采用削竹式洞门形式；

（3）大幅坡面绿化；

（4）洞口采用端墙形式时，墙面宜采用冷色调，其反射率应小于 0.17。

此外，在接近段起点处的 20°视场中，天空面积小于 50% 时，不宜设置遮光棚。

第五节 防排水设施（Waterproof and Drainage Facilities）

一、隧道渗漏水的危害（Harm of Leakage in Tunnel）

（1）铁路隧道：锈蚀钢轨及扣件，腐蚀轨枕，降低设备的使用寿命；

（2）侵蚀衬砌结构，形成隧道病害，危及行车安全。

二、隧道设计规范一般规定（General Provisions of Tunnel Design Code）

隧道防排水应遵循"防（prevention）排（drainage）截（interception）堵（blocking）相结合，因地制宜，综合治理"的原则，保证隧道结构物和运营设备的正常使用和行车安全。隧道防排水设计应对地表水、地下水妥善处理，洞内外应形成一个完整通畅的防排水系统。

三、治水原则与措施（Principles and Measures of Water Control）

（1）防：防水混凝土（waterproof concrete）；防水层（内贴、外贴）（waterproof layer, inside and outside）。

（2）排：暗管（subsurface pipe）；盲沟（blind drain）。

（3）截：截水天沟（interception gutter）；裂缝堵塞（crack plugging）。

（4）堵：注浆（grouting）。

隧道防治水设施的示意图如图 5-9 所示。

盲沟的作用：在衬砌与围岩间通过过水通道，并使之汇入泄水孔，主要用于引导较为集中的局部渗流水（图 5-10）。

隧道洞内外防排水体系采用施工缝止水条（带）止水（图 5-11）。

四、隧道安全管理设施（Tunnel Safety Management Facilities）

铁路隧道安全管理设施包括火灾列车报警及应急处置系统、应急通信系统、应急照明系统、通风排烟系统、消防系统、设备监控系统、电力供应系统等。

（1）烟雾探测器与火警自动报警控制器（smoke detector and automatic fire alarm controller）。烟雾探测器能探测到燃烧时的烟、热和光，并将其转换成电

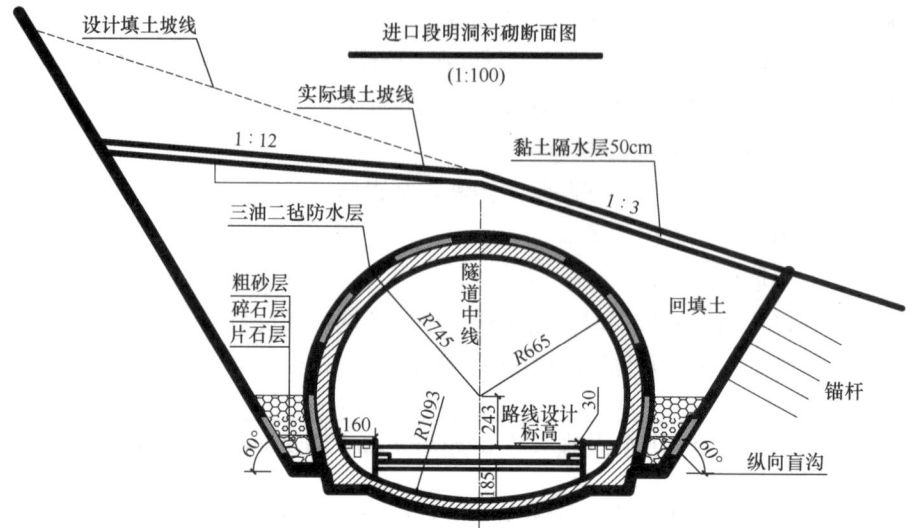

图 5-9 隧道防治水设施（tunnel water control facilities）

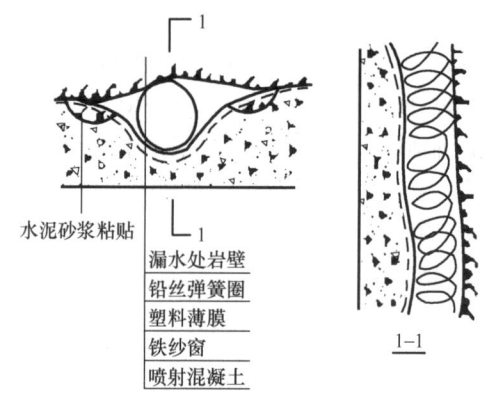

图 5-10 弹簧软管盲沟引排局部水
（spring hose blind ditch drainage of local water）

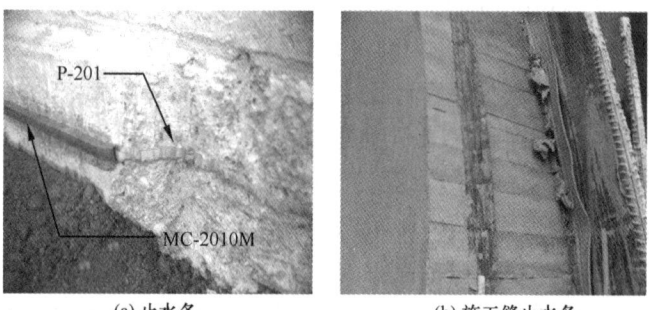

(a) 止水条　　(b) 施工缝止水条

图 5-11 隧道常用防排水工程措施——施工缝止水条（带）
（construction joint waterstop）

信号传递给火警自动报警控制器，发出火灾警报。

（2）应急通信系统包括按钮式通报设施（button notification facility）、应急电话（emergency call）、紧急警报设施（emergency alarm facilities）等，一般安装在洞口两端和隧道内，每隔一定距离设置一个。

（3）应急照明包括疏散照明、指示灯、标志灯，光源采用快速点燃型光源，节能型灯具，灯具能适应隧道的环境条件。

（4）通风排烟设备主要包括通风机械、紧急出口、避难所、横通道防护门、烟道风阀等。防护门、通风机械、风阀均可进行现场控制（field control）及远程控制（remote control）。

（5）消防系统由化学灭火器和消火栓组成，设置于隧道内的防灾救援点。相关设施包括灭火器（extinguisher）（多为磷酸二氢铵干粉型）、消火栓（hydrant）、泡沫自动喷淋灭火系统（foam automatic sprinkler system）、供水系统（water supply system）。一般在隧道进、出口处各设置一套由集水池、加压泵站、蓄水池和供水管网组成的给水系统。蓄水池容量应满足 2h 火灾延续时间内消防用水总量的要求。

第六节　防灾救援设施
(Disaster Prevention and Rescue Facilities)

铁路隧道内配置的救援疏散设施设备包括紧急救援站、紧急出口、避难所、通风机械、应急通信、应急照明、供电设备、监控设备等。其中主要设施包括紧急救援站、紧急出口（含避难所、横通道），配套设施包括通风井、烟道、设备用房、设备洞室、标志、标线、标牌等。

第七节　电力及通信设施
(Electricity and Communication Facilities)

一、电缆槽（Cable Grooves）

铁路隧道内一般纵向根据通信、信号工程要求设置电缆槽。电缆槽是用混凝土浇筑，槽内用细砂做垫层，保护穿越隧道的照明、通信、信号及电力等电缆。隧道当中的电缆槽和水沟的位置图如图 5-12 所示。

（1）电缆槽在转折处，应以半径不小于 1.2m 的曲线连接，以免电缆弯曲而折断。

（2）隧道长度大于 500m 时，需在设有电缆槽的同侧大避车洞内设置余长电缆槽。

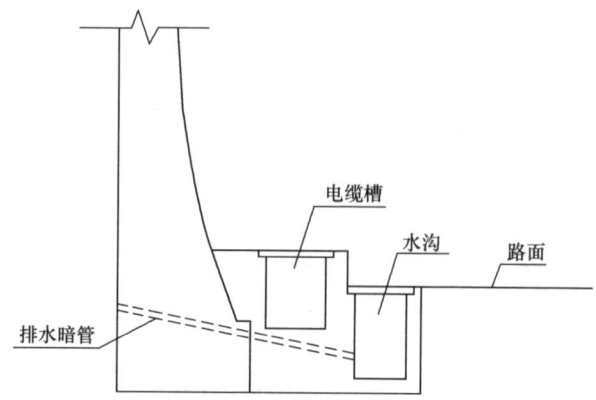

图5-12　电缆槽与水沟位置图（location of cable tray and ditch）

二、信号继电器和无人增音站洞（Signal Relay and Unmanned Sound Amplifier Hole）

一般根据铁路隧道设计规范的相关规定设置，也可按照实际需求情况进行增设。

专业词汇汉英对照（Glossary）

专业词汇	拼音	英文
安全避让设施	ānquán bìràng shèshī	safety avoidance facilities
照明与通风设施	zhàomíng yǔ tōngfēng shèshī	lighting and ventilation facilities
电力通信与信号设施	diànlì tōngxìn yǔ xìnhào shèshī	power communication and signaling facilities
防灾救援设施	fángzāi jiùyuán shèshī	disaster prevention and rescue facilities
防排水设施	fáng páishuǐ shèshī	waterproof and drainage facilities
避车洞	bìchēdòng	refuge hole
隧道附属洞室	suìdào fùshǔ dòngshì	tunnel auxiliary building
黑（白）洞效应	hēi(bái)dòng xiàoyìng	black/white hole effect
适应滞后现象	shìyìng zhìhòu xiànxiàng	adaptation lag phenomenon
遮阳棚	zhēyángpéng	shading shed
遮光格栅	zhēguāng géshān	shading grille
暗管	àn'guǎn	subsurface pipe

续表

专业词汇	拼音	英文
盲沟	mánggōu	blind drain
截水天沟	jiéshuǐ tiāngōu	interception gutter
注浆	zhùjiāng	grouting
灭火器	mièhuǒqì	extinguisher
消火栓	xiāohuǒshuān	hydrant
电缆槽	diànlǎncáo	cable grooves

思考题（Questions）

（1）铁路隧道避车洞应如何设置？需注意避开哪些位置？

（2）隧道通风方式主要有哪些类型？其一般适用条件是什么？

（3）隧道工程的防排水原则是什么？

拓展阅读（Extensive Reading）

（1）铁路隧道附属洞室布置设计

对长度大于500m的铁路隧道，完成洞身衬砌分段后，均需进行附属洞室布置设计。根据隧道设计规范及设计原则中对避车洞、梯车洞、电缆余长腔等隧道中常规洞室的布置要求，按照一定间距进行常规洞室布置，在布置的同时参考衬砌分段结果，对部分洞室位置进行微调，避开衬砌分段、辅助坑道交叉口等位置，最后根据四电专业提资要求的特殊洞室位置布置特殊洞室，同时按照最优布置原则尽量使常规洞室与特殊洞室合并共用。特殊洞室布置完成后，将附属洞室布置数据存入纵断面设计数据库中，并在纵断面设计图上绘制附属洞室布置图及洞室表。

（2）隧道通风

隧道通风是为加快隧道洞内外空气更换，改善洞内的空气质量而采用的各种方法及设施。隧道通风一般主要指设置机械通风，即在一端用机械吹入新鲜空气，沿隧道纵向冲淡并挤出污浊空气。隧道的形状窄长，空气不易流动，而内燃机车通过时排放的废气、过往车辆、人员留下的生活垃圾，加大了污染程度。为保障线路养护人员的身体健康，铁路技术规程规定，在列车通过后的15min内，隧道内的空气成分，应达到国家卫生标准。对于较长隧道，两洞口高差形成的自然风流及列车通过时产生的活塞风，是不能满足上述要求的，因而规定：内燃机车通行的隧道，长度大于2km时，要设置机械通风；电力机车通行的隧道，长度大于8km时，也宜设置机械通风。当隧道中部有通向地面的支洞时，通风条件将大为改善，因此如施工使用辅助坑道，应综合考虑日后作为运营通风通道的可能。

（3）隧道防排水处置理念

山岭隧道防排水处置理念是满足防水等级标准要求且不会造成地面沉降等其他危害的情况下采取的排水措施，应保证地表水及地下水能够妥善处理。随着富水、断层、岩溶发育的隧道修建日益增多，"以排为主"的原则已不能适应社会发展和中国经济的需要。八达岭长城地下车站隧道群采用的防排水原则为"以堵为主，限量排放，防水有效，排水可靠，及时维护，系统通畅"，有效维护了隧道内结构同时保护生态环境的稳定。地铁和城市道路隧道防水遵循"以防为主，刚柔结合，多道设防，因地制宜，综合治理"的原则，以混凝土结构自防水为主，以接缝防水为重点，采取与其相适应的防水措施。盾构隧道接缝防水措施是在管片外弧面设置沟槽，粘贴弹性密封垫，施工阶段采用千斤顶将接缝压紧，使得弹性密封垫闭合压缩，产生接触应力抵抗外水压力，实现接缝防水密封功能，达到完全防水。

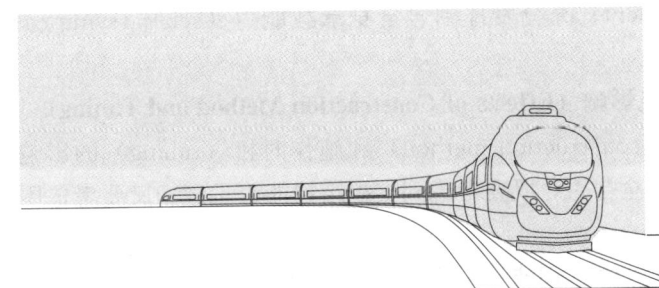

第 六 章

隧道衬砌结构受力分析与计算
Calculation and Analysis of Tunnel Lining Structure

第一节 隧道衬砌结构受力特点
(Mechanical Characteristics of Tunnel Lining Structure)

1. 荷载的模糊性 (Fuzziness of Load)

隧道工程是在自然状态下的岩土地质中开挖的，隧道周边围岩的地质环境对隧道支护结构的计算起着决定性的作用。地面结构（ground structure）的荷载比较明确，而且荷载的量级（magnitude）不大；而隧道结构的荷载取决于当地的地应力（initial ground stress），但是地应力难以进行准确测试（accurate test），这就使得隧道工程的计算精度受到影响。

2. 围岩物理力学参数难以准确获得 (Difficulty in Accurately Obtaining Physical and Mechanical Parameters of Surrounding Rock)

地面工程中材料的物理力学参数可通过试件测试获得；而隧道围岩物理力学参数要通过现场测试（testing on the spot），不仅难以进行而且不同地段区别很大，这也使得隧道工程的计算精度（calculation accuracy）受到影响，因此只有正确认识地质环境对支护结构体系（supporting structure system）的影响，才能正确地进行隧道支护结构的计算。

3. 围岩-支护结构压力承载体系 (Load-bearing System of Integrated Rock-support Structure)

围岩不仅对支护结构施加荷载，而且可以控制支护结构变形；围岩不仅是荷载，同时又是承载体（carrier）；地层压力（formation pressure）由围岩和支护结构共同承受（bear together）；充分发挥围岩自身承载能力（self-carrying capacity）。

4. 施工方法和施作时机影响（Effects of Construction Method and Timing）

设计参数受施工方法（construction method）和施作时机（timing）的影响很大，隧道工程支护结构安全与否，既要考虑到支护结构能否承载，又要考虑围岩是否失稳。

5. 隧道与地面结构受力的不同点——围岩抗力（resistance of surrounding rock）的作用

围岩与支护结构的相互作用（interaction）通过围岩弹性抗力来考虑；隧道可以考虑为一个超静定结构（statically indeterminate structure）。

第二节　结构力学计算方法
(Calculation Method Based on Structural Mechanics)

一、结构力学计算方法思路（Analysis Ideas for Structural Mechanics Method）

按支护结构与围岩相互作用（interaction between support structure and surrounding rock）考虑方式的不同，隧道衬砌支护结构计算的力学模型（mechanical model）主要有两类：一类是以支护结构作为承载主体（main bearing body），围岩对支护结构的变形起约束作用（constraint effect）的计算模型；另一类则相反，它是以围岩为承载主体，支护结构限制围岩向隧道内变形。

第一类模型又称为传统的结构力学模型（structural mechanics model method）。它认为围岩对支护结构的作用只是产生作用在结构上的荷载，包括主动的围岩压力（surrounding rock pressure）和被动的围岩弹性抗力（elastic resistance of surrounding rock），因此又被称为荷载-结构模型（load-structure model）。该模型是仿效地面结构的计算模型，即将荷载作用在结构上，用一般结构力学的方法进行计算。在这类模型中隧道支护结构与围岩的相互作用是通过围岩对支护结构的变形产生弹性抗力来体现的，而围岩的承载能力（bearing capacity）则在确定围岩压力和弹性抗力时间接地考虑。

结构力学模型（荷载-结构模式）计算方法以衬砌支护结构作为承载主体，围岩对支护结构的变形起约束作用，此方法具有受力明确、计算简单和便于安全评价等优点，目前仍是各国主要采用的隧道衬砌结构设计方法。常见荷载-结构模式计算方法有矩阵位移法（matrix displacement method）、惯用及修正惯用计算法（routine method and modified routine method）等，实际工程中应根据工程的具体情况进行选用。

二、隧道衬砌荷载分类 (Classification of Loads on Tunnel Lining)

1. 主动荷载 (Active Load)

主动荷载是指施加在衬砌上而使结构产生变形的荷载，分为主要荷载（main load）和附加荷载（additional load）。

主要荷载指长期及经常作用的荷载，包括围岩压力（surrounding rock pressure）、支护结构自重（self-respect）、回填土荷载（backfill load）、地下静水压力（hydrostatic pressure）、车辆活载（vehicle live load）等。

附加荷载指偶然（accidental）的、非经常作用的荷载，包括温差压力（temperature difference pressure）、灌浆压力（grouting pressure）、冻胀压力（frost heave pressure）、混凝土收缩徐变应力（shrinkage and creep stress）、落石冲击力（rockfall impact）、地震力（seismic force）（按抗震设计规范）等。

荷载组合是指一般情况下仅考虑主要荷载；特殊情况下（Ⅶ以上地震区，严寒地区）考虑主要荷载与附加荷载的组合。

2. 被动荷载 (Passive Load)

被动荷载是指围岩的弹性抗力（elastic resistance），它只产生在被衬砌压缩的围岩周边上。被动荷载的计算目前主要有两种理论：

（1）共同变形理论（common deformation theory）

把围岩视为弹性半无限体（elastic semi-infinite body），考虑相邻质点之间的相互影响。它用纵向变形系数（longitudinal deformation coefficient）e 和横向变形系数（transverse deformation coefficient）μ 表示地层特征，并考虑黏结力（cohesive force）c 和内摩擦角（internal friction angle）φ 的影响。

这种方法所需围岩物理力学参数较多，而且计算颇为繁杂，计算模型也有严重缺陷，与实际情况也不完全相符，因而在隧道工程实际设计计算中很少采用。

（2）局部变形理论（local deformation theory）

目前隧道弹性抗力按公式（6-1）计算，主要采用局部变形理论，它是以温克尔（E. winkler）假定为基础，认为围岩的弹性抗力与围岩在该点的变形成正比，如图 6-1 所示。

$$\sigma_i = k\delta_i \tag{6-1}$$

式中 δ_i——围岩表面上任意一点 i 的压缩变形（m）；

σ_i——围岩在同一点上所产生的弹性抗力（MPa）；

k——比例系数，称为围岩的弹性抗力系数（MPa/m）。

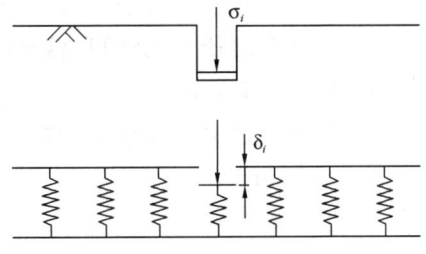

图 6-1 局部变形理论示意图

(local deformation theory)

三、隧道荷载的确定 (Load Calculation for Tunnel)

1. 基本思路 (Basic Concept)

将支护和围岩分开考虑，支护结构是承载的主体（main body），围岩作为荷载的来源和支护结构的弹性支承（elastic support），与其对应的计算模型称为荷载-结构模型。当作用在支护结构上的荷载确定后，可应用普通结构力学的方法求解超静定结构的内力和位移。

根据对荷载的处理不同，它大致有如下三种模式：

(1) 主动荷载模式

此模式不考虑围岩与支护结构的相互作用，支护结构在主动荷载作用下可以自由变形。

此类荷载模式适用于软弱围岩没有能力去约束（constraint）衬砌变形的情况。如采用明挖法施工的城市地铁工程及明洞工程。

(2) 主动荷载加被动荷载模式

此荷载模式认为围岩不仅对支护结构施加主动荷载，而且由于围岩与支护结构的相互作用，还对支护结构施加约束反力（restraint reaction）。为此，支护结构在荷载和反力同时作用（simultaneous action）下进行工作。

此模式主要适用于各种类型的围岩，只是所产生的弹性抗力大小不同而已。在应用中，该模式基本能反映出支护结构的实际受力状况（actual force status）。

(3) 实际荷载 (actual load) 模式

采用量测仪器 (measuring instrument) 实地量测作用在衬砌上的荷载值，这是围岩与支护结构相互作用的综合反映（comprehensive reflection）。

但是，实际量测到的荷载值，除与围岩特性有关外，还取决于支护结构的刚度（stiffness）以及支护结构背后回填（backfill）的质量（quality）。因此，某一种实地量测的荷载，只能适用于与其相类似的情况。

2. 隧道衬砌受力变形的特点

围岩垂直压力大于侧向压力；拱顶区域称为"脱离区（departure zone）"；在两侧及底部，区域称为"抗力区（resistance zone）"。这种效应的前提条件是围岩与衬砌必须全面地紧密地接触。

四、隧道围岩压力的计算 (Load Calculation of Surrounding Rock Pressure for Deep Buried Tunnel)

1. 深埋隧道围岩压力计算方法 (Calculation of Surrounding Rock Pressure for Deep Buried Tunnel)

(1) 计算深埋隧道衬砌时，围岩压力按松散压力考虑，其垂直及水平匀布压力可按下列规定确定，如图 6-2 所示。

(2) 垂直匀布压力可按公式（6-2）计算确定。

第六章 隧道衬砌结构受力分析与计算
Calculation and Analysis of Tunnel Lining Structure

$$q = \gamma h$$
$$h = 0.45 \times 2^{S-1}\omega \quad (6\text{-}2)$$

式中　S——围岩级别；
　　　ω——宽度影响系数，$\omega = 1 + i(B-5)$；
　　　B——坑道宽度（m）；
　　　i——B 每增减 1m 时的围岩压力增减率：当 $B<5$m 时，取 $i=0.2$；$B>5$m 时，可取 $i=0.1$。

（3）围岩水平匀布压力可按表 6-1 的规定确定。

图 6-2　深埋隧道围岩压力
(surrounding rock pressure for deep buried tunnel)

表 6-1　围岩水平匀布压力（horizontal uniform pressure of surrounding rock）

围岩级别	Ⅰ～Ⅱ	Ⅲ	Ⅳ	Ⅴ	Ⅵ
水平匀布压力	0	$<0.15q$	$(0.15\sim0.30)q$	$(0.30\sim0.50)q$	$(0.50\sim1.00)q$

（4）公式（6-2）及表 6-1 的适用条件是不产生显著偏压力及膨胀力的一般围岩及采用钻爆法（或开敞式掘进机法）施工的隧道。

2. 浅埋隧道围岩压力计算方法（Calculation of Surrounding Rock Pressure for Shallow Buried Tunnel）

（1）地面基本水平的浅埋隧道所受的作用（荷载）具有对称性（图 6-3）。其计算应符合下列规定。

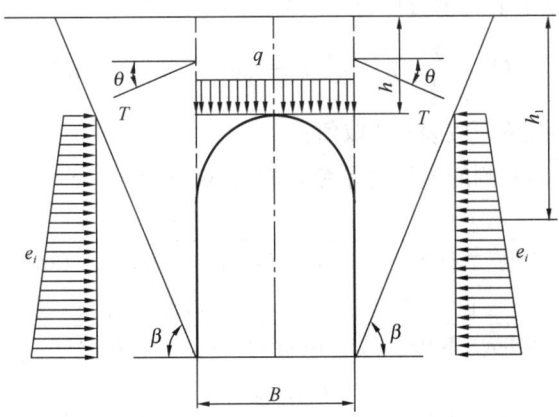

图 6-3　浅埋隧道围岩压（surrounding rock pressure for shallow buried tunnel）

垂直压力可按公式（6-3）计算：

$$\begin{cases} q = \gamma h \left(1 - \dfrac{\lambda h \tan\theta}{B}\right) \\ \lambda = \dfrac{\tan\beta - \tan\varphi_c}{\tan\beta[1 + \tan\beta(\tan\varphi_c - \tan\theta) + \tan\varphi_c \tan\theta]} \\ \tan\beta = \tan\varphi_c + \sqrt{\dfrac{(\tan^2\varphi_c + 1)\tan\varphi_c}{\tan\varphi_c - \tan\theta}} \end{cases} \quad (6\text{-}3)$$

式中 γ——围岩重度（kN/m³）；

h——洞顶离地面的高度（m）；

θ——顶板土柱两侧摩擦角（°），为经验数值；

B——坑道跨度（m）；

λ——侧压力系数；

φ_c——围岩计算摩擦角（°）；

β——产生最大推力时的破裂角（°）。

（2）水平压力可按公式（6-4）计算：

$$e_i = \gamma h_i \lambda \quad (6\text{-}4)$$

式中 h_i——内外侧任意点至地面的距离（m）。

（3）当 $h < h_a$（h_a 为深埋隧道垂直荷载计算高度）时，取 $\theta = 0$，属超浅埋隧道。

（4）当 $h \geqslant 2.5 h_a$（h_a 为深埋隧道垂直荷载计算高度）时，公式（6-2）不适用。

3. 偏压隧道围岩压力计算方法（Calculation of Surrounding Rock Pressure for Shallow Buried Tunnel with Inclined Surface）

（1）在荷载作用下其垂直压力可按公式（6-5）计算：

$$Q = \dfrac{\gamma}{2}[(h + h')B - (\lambda h^2 + \lambda' h'^2)\tan\theta] \quad (6\text{-}5)$$

式中 θ——摩擦角，按表6-2取值；

λ, λ'——内、外侧的侧压力系数，由公式（6-6）~公式（6-9）计算：

$$\lambda = \dfrac{1}{\tan\beta - \tan\alpha} \times \dfrac{\tan\beta - \tan\varphi_c}{1 + \tan\beta(\tan\varphi_c - \tan\theta) + \tan\varphi_c \tan\theta} \quad (6\text{-}6)$$

$$\lambda' = \dfrac{1}{\tan\beta - \tan\alpha} \times \dfrac{\tan\beta - \tan\varphi_c}{1 + \tan\beta'(\tan\varphi_c - \tan\theta) + \tan\varphi_c \tan\theta} \quad (6\text{-}7)$$

$$\tan\beta = \tan\varphi_c + \sqrt{\dfrac{(\tan^2\varphi_c + 1)(\tan\varphi_c - \tan\alpha)}{\tan\varphi_c - \tan\theta}} \quad (6\text{-}8)$$

$$\tan\beta' = \tan\varphi_c + \sqrt{\dfrac{(\tan^2\varphi_c + 1)(\tan\varphi_c + \tan\alpha)}{\tan\varphi_c - \tan\theta}} \quad (6\text{-}9)$$

式中 α——地面坡度角（°）；

φ_c——围岩计算摩擦角（°）；

β, β'——内与外侧产生最大推力时的破裂角（°）。

并假定偏压分布图形与地面坡一致（图 6-4）。

表 6-2 摩擦角 θ 取值（friction angle θ Value）

围岩级别	I～Ⅲ	Ⅳ	Ⅴ	Ⅵ
θ 值	$0.9\varphi_c$	$(0.7\sim0.9)\varphi_c$	$(0.5\sim0.7)\varphi_c$	$(0.3\sim0.5)\varphi_c$

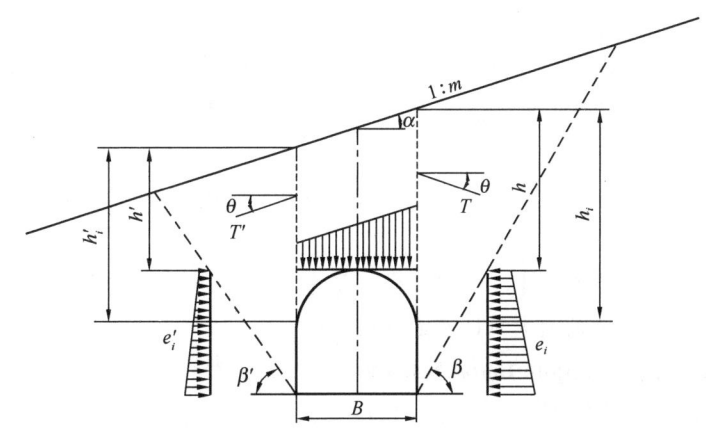

图 6-4 偏压隧道围岩压力计算图式（calculation diagram of surrounding rock pressure for shallow buried tunnel with inclined surface）

（2）在作用（荷载）下的水平侧压力可按公式（6-10）、公式（6-11）计算：

内侧：
$$e_i = \gamma h_i \lambda \tag{6-10}$$

外侧：
$$e'_i = \gamma h'_i \lambda' \tag{6-11}$$

式中 h_i, h'_i——内、外侧任一点 i 至地面的距离（m）。

五、矩阵位移法（Matrix Displacement Method）

矩阵位移法首先假定为平面应变问题（plane strain problem）。结构力学方法只能用于处理平面杆系问题，隧道结构体系从总体来说肯定是一个空间问题，要用结构力学方法进行计算，就必须对其进行简化处理。对于隧道而言，其长度较之横断面尺寸要大得多，而且隧道结构特性以及作用于隧道结构的荷载沿隧道长度方向基本是不变的，所以可以认为隧道衬砌不会产生纵向位移，即 $\varepsilon_z = 0$，因此可以将它作为一个平面应变问题进行处理。在进行力学分析时，可沿纵向取单位长（一般为1m）的一段隧道作为研究对象进行计算。

1. 基本原理（Basic Principles）

矩阵位移法又叫直接刚度法（direct stiffness method），是以结构节点位移为基本未知量。矩阵位移法基本原理包括变形协调条件（deformation compatibility condition）与静力平衡条件（static equilibrium condition）。变形协调条件：连接在同一节点各单元的节点位移应该相等，并等于该点的结构节点位移。静力平衡条件：作用于某一结构节点的荷载必须与该节点上作用的各个单元的节点力相平衡。

2. 计算过程（Calculation Process）

（1）进行结构离散（discrete the structure）。

（2）进行单元分析，确定单元节点力和单元节点位移的关系——建立单元刚度矩阵（element stiffness matrix）。

（3）进行整体分析，将每一个节点上有共同位移的各单元刚度矩阵元素简单叠加起来，建立以节点静力平衡为条件的结构刚度方程（structural stiffness equation）。

（4）利用边界条件，由结构刚度方程中解出未知的结构各节点的位移，也就是解结构刚度方程。

（5）根据变形协调条件，求得会交于该节点各单元的单元节点位移，进而求出单元节点力——衬砌内力（lining internal force）。

3. 计算图式（Computational Scheme）

（1）衬砌结构的处理

把衬砌沿其轴线离散化为一些同时能承受弯矩和轴力的梁单元（beam element）；假定单元是等厚度的，其计算厚度取为单元两端厚度的平均值；单元的数目视计算精度的需要而定（图6-5）。

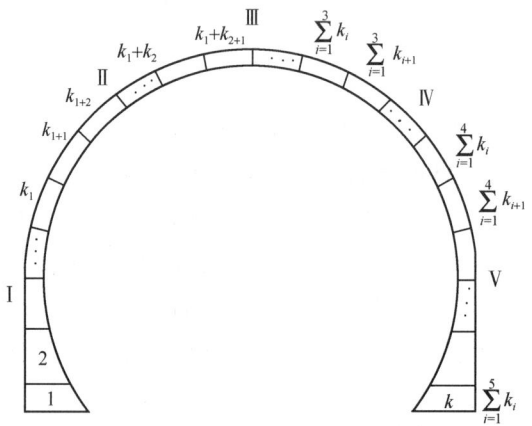

图 6-5 矩阵位移法计算图式

(matrix displacement method)

隧道边墙的底端是直接放在岩层上的，故可以假设边墙底端是弹性固定的，即：能产生转动和垂直下沉，但由于边墙底面和围岩之间摩擦力较大，一般不能

第六章 隧道衬砌结构受力分析与计算
Calculation and Analysis of Tunnel Lining Structure

产生水平位移（图 6-6）。

结构（structure）和荷载都对称时，可只取半跨进行计算，此时在拱顶截面处不允许有水平位移和转角位移，可在拱顶截面设置两根水平链杆作为边界的约束条件，如图 6-7(a) 所示。结构对称而荷载不对称时，由于拱顶截面处不允许有相对垂直位移，因此要在拱顶截面切开处设一根竖向链杆以表示原结构的约束状态。

对于一些特殊形式的衬砌，比如拱和边墙的轴线不连续（带耳墙的明洞）或者墙基需要展宽时，需要添加一个特殊单元——刚性单元（rigid element），如图 6-7(b) 所示。

（2）等效节点荷载处理（treatment of equivalent joint load）

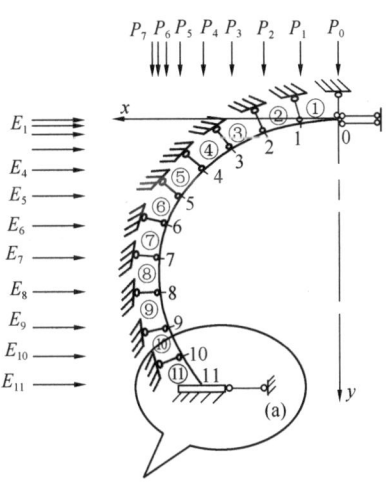

图 6-6 隧道边墙底端的处理
（treatment of bottom end of tunnel side wall）

按"静力等效"原则（principle of "static equivalence"）进行，即均布荷载所作的虚功等于节点荷载所作的虚功。按"简支梁分配"原则（principle of "simply supported beam distribution"）进行。

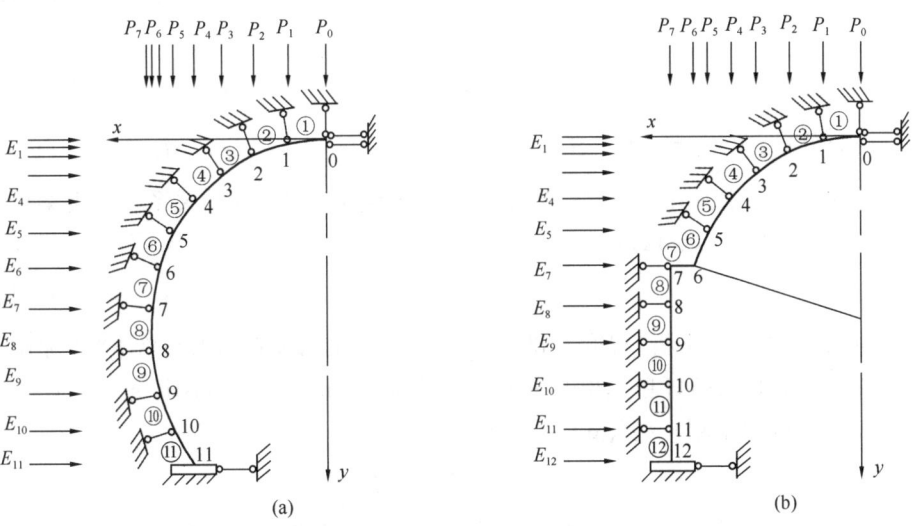

图 6-7 不同情况下的计算模型（calculation models under different conditions）

4. 围岩弹性抗力（elastic resistance of surrounding rock）的处理

将弹性抗力作用范围内的连续围岩，离散为若干条彼此互不相关的矩形岩柱

(rectangular rock pillar)。矩形岩柱的一个边长是衬砌的纵向计算宽度，通常取为单位长度，另一个边长是两相邻的衬砌单元的长度一半之和，岩柱的深度与传递轴力无关故不予考虑，为了便于力学计算，用一些具有一定弹性性质的弹性支承（elastic support）（弹性链杆）来代替岩柱，并让它以铰接的方式支承在衬砌单元之间的节点上，所以它不承受弯矩，只承受轴力。

以弹簧支承模拟围岩弹性抗力，即在每个节点上设置一根弹簧链杆，弹簧力即为围岩抗力；以温氏假定反映抗力与节点位移的关系；弹簧支承的方向应按衬砌与围岩的接触状态而定。弹簧支承的情况如图 6-8 所示。

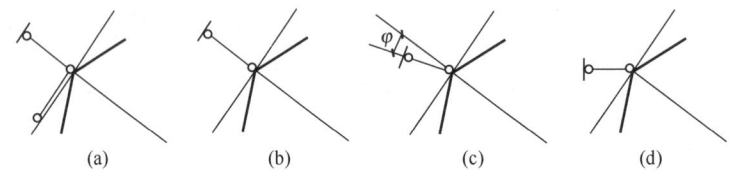

图 6-8　弹簧支承的几种情况（several cases of spring support）

5. 单元刚度矩阵（Element Stiffness Matrix）

（1）衬砌单元刚度矩阵（lining element stiffness matrix）（衬砌单刚）

任取一个单元，建立坐标系，每个衬砌单元在两端共有 6 个节点位移分量（nodal displacement component）（轴向位移、横向位移、转角位移）和 6 个节点力分量（nodal force component）（轴力、剪力和弯矩），见公式（6-12）、公式（6-13）。

位移分量：$\{\bar{\delta}\}^e = [\bar{\delta}_i \quad \bar{\delta}_j]^T = [\bar{u}_i \quad \bar{v}_i \quad \bar{\phi}_i \quad \bar{u}_j \quad \bar{v}_j \quad \bar{\phi}_j]^T$ （6-12）

内力分量：$\{\bar{S}\}^e = [\bar{S}_i \quad \bar{S}_j]^T = [\bar{N}_i \quad \bar{Q}_i \quad \bar{M}_i \quad \bar{N}_j \quad \bar{Q}_j \quad \bar{M}_j]^T$ （6-13）

根据结构力学及弹性力学，建立节点力和节点位移之间的关系，可得梁单元的刚度方程见公式（6-14）：

$$\{\bar{S}\}^e = [\bar{K}]^e \{\bar{\delta}\}^e \quad (6\text{-}14)$$

为进行"整体"分析，需将局部坐标系中的单元刚度矩阵转换到总体坐标系中。

（2）弹性支承链杆单元刚度矩阵（stiffness matrix of elastic support chain link unit）（抗力单刚）见公式（6-15）：

$$\{R_i\}^e = [K_R]^e \{\Delta_i\}^e \quad (6\text{-}15)$$

抗力单刚局部坐标系与总体坐标系一致，由温氏假定求抗力。

（3）墙脚弹性支座单元刚度矩阵（stiffness matrix of elastic support element of wall foot）见公式（6-16）：

$$\{S_B\}^e = [K_B]^e \{\Delta_B\}^e \quad (6\text{-}16)$$

(4) 刚性单元（rigid element）：当拱脚和墙顶衬砌轴线不连续或者墙底需要展宽基础时，就要添加一个特殊的衬砌单元，即刚性单元。这种单元能承受部分垂直荷载和水平荷载的作用，其单元本身可看作是刚性的，理论上单元的刚度为无穷大。在实际运算中，通常取刚性单元的刚度为普通单元刚度的 30 倍。

6. 建立结构刚度方程（Build Structural Stiffness Equation）

(1) 结构刚度方程的形成（formation of structural stiffness equation）

对结构每个节点建立静力平衡方程式，将所有节点的平衡方程式集合在一起就是结构的刚度方程。

(2) 结构刚度矩阵的特点（features）

首先结构刚度矩阵是对称矩阵（symmetric matrix）[反力互等定理（theorem of reciprocal reaction）]，而且是稀疏的带状矩阵（sparse band matrix），非零元素的个数一般只占元素总数的 5% 左右；结构刚度矩阵还是奇异矩阵（singular matrix），在求解结构刚度方程时，必须有足够的边界约束条件以限制结构的刚体位移，才能使得方程有唯一解。

7. 未知节点位移的求解和弹性支承的调整（Solution of Unknown Node Displacement and Adjustment of Elastic Support）

(1) 边界条件：围岩抗力弹簧支承就是一种边界约束，且基底支座的水平位移为零。

(2) 方程组求解：高斯消去法、迭代法等。

(3) 对围岩抗力弹簧支承的自动调整。

8. 衬砌内力的计算（Calculation of Lining Internal Force）

求出最终的结构节点位移后，根据变形协调条件——结构节点位移与交会于此节点的单元节点位移相等，即可求出各单元的节点位移，见公式（6-17）：

$$\{\delta_i\}^e = \{\delta_i\} \tag{6-17}$$

而后，由单元刚度方程以及坐标转换矩阵，就可求出对应于单元局部坐标的单元节点力，见公式（6-18）：

$$\{\overline{S}\}^e = [\overline{K}]^e[T]\{\delta\}^e = [B]\{\delta\}^e \tag{6-18}$$

9. 直接刚度法（direct stiffness method）计算流程（图 6-9）

六、修正惯用法（Modified Routine Method）

1. 惯用法与修正惯用法

惯用法最早提出于 1960 年，并在日本得到了广泛应用。惯用法认为由装配式衬砌组成的衬砌圆环，其接缝必须具有一定的刚度，因此圆环可近似地认为是一个均质刚性圆环。在计算过程中不考虑接头所引起的管片环局部刚度降低。

修正惯用法在惯用法的基础上引入弯曲刚度有效率（effective bending stiff-

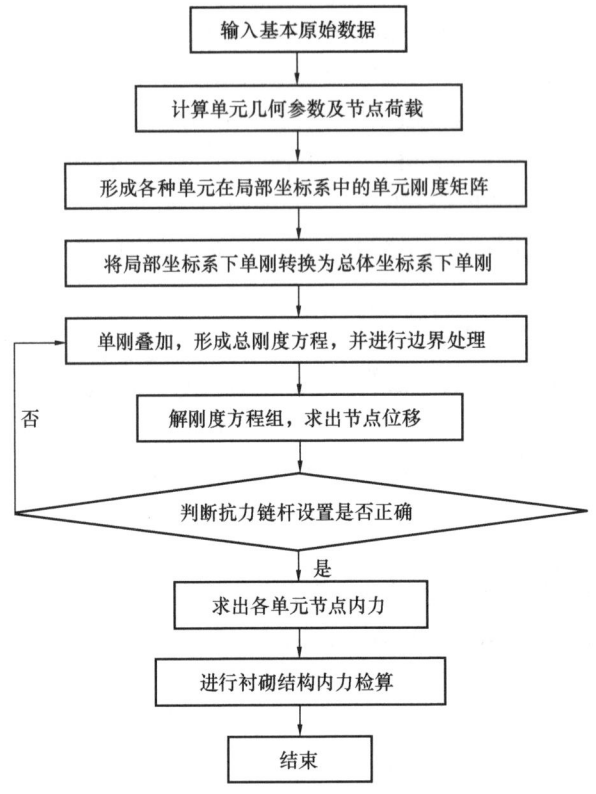

图 6-9 直接刚度法计算流程图（calculation process of direct stiffness method）

ness）η 和弯矩提高率（bending moment increase rate）ζ，管片环是具有 ηEI 刚度的均质圆环（homogeneous ring），EI 为完整管片截面的刚度。

将衬砌视为抗弯刚度相同的圆环的方法叫作修正惯用法，其计算模型如图 6-10 所示。

2. 弯曲刚度有效率 η

由于接头（connector）的存在，等效圆环的刚度要小于与单个管片刚度相同的圆环的刚度，引入系数 η（$\eta \leqslant 1$）来表征刚度的降低程度，即单个管片刚度为 EI，等效圆环刚度为 ηEI，η 称作弯曲刚度有效率。

3. 弯矩提高率 ζ

考虑到管片接头存在铰（hinge）的部分功能，将向相邻管片传递部分弯矩，使得错缝拼装管片（staggered assembled segments）间内力进行重分配。

由刚度为 ηEI 的等效圆环求出的弯矩，通过一定提高，即 $(1+\zeta)M$ 为主截面的设计弯矩；通过一定折减，即 $(1-\zeta)M$ 为接头的设计弯矩。ζ 为传递给临环的弯矩与计算弯矩之比，叫作弯矩提高率。

第六章　隧道衬砌结构受力分析与计算
Calculation and Analysis of Tunnel Lining Structure

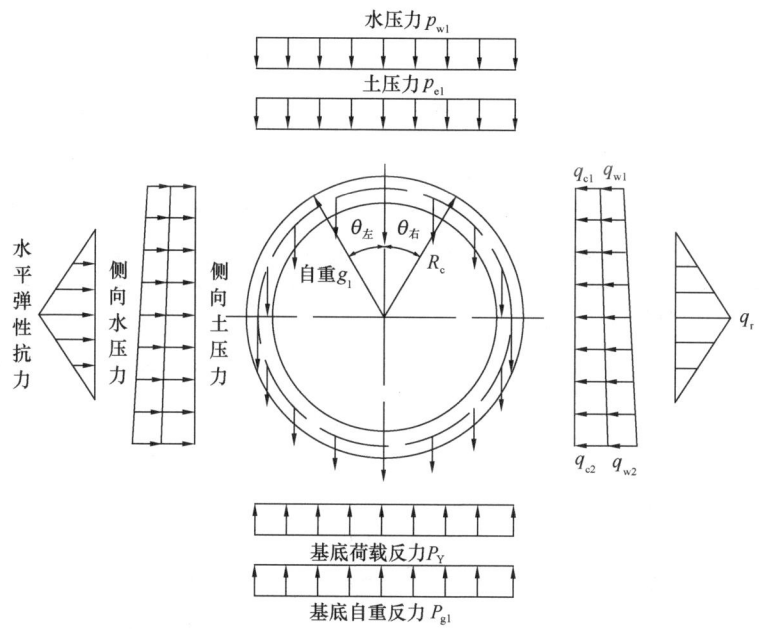

图 6-10　修正惯用法计算模型（clculate model for the mdified rutine method）

4. η 和 ζ 的取值影响因素

（1）管片种类、管片接头构造形式、错缝拼装的方法及其构造形式，尤其是围岩对它们有着明显的影响。

（2）η 和 ζ 之间也是有关系的，如 η 接近于 1 时，则 ζ 趋近于零，即没有接头，此时与惯用法等同。

（3）如果采取的 η 值过小，会使围岩抗力过大，同时，内力也将过小。

5. 计算公式

用修正惯用法计算弯矩、轴力、剪力公式见表 6-3～表 6-5。

表 6-3　修正惯用法弯矩计算表（bending moment calculation table）

荷载	截面位置	弯矩 M
竖向荷载	$0 \leqslant \theta \leqslant \pi$	$M_1 = \dfrac{1}{4}(1 - 2\sin^2\theta)(p_{e1} + p_{w1})R_c^2$
均布荷载	$0 \leqslant \theta \leqslant \pi$	$M_2 = \dfrac{1}{4}(1 - 2\cos^2\theta)(q_{e1} + q_{w1})R_c^2$
三角侧压	$0 \leqslant \theta \leqslant \pi$	$M_3 = \dfrac{1}{48}(6 - 3\cos\theta - 12\cos^2\theta + 4\cos^3\theta)(q_{e2} + q_{w2} - q_{e1} - q_{w1})R_c^2$
侧向地层抗力	$0 \leqslant \theta \leqslant \pi/4$	$M_4 = (0.2346 - 0.3536\cos\theta)k\delta R_c^2$
	$\pi/4 \leqslant \theta \leqslant \pi/2$	$M_4 = (-0.3487 + 0.5\sin^2\theta + 0.2357\cos^3\theta)k\delta R_c^2$

续表

荷载	截面位置	弯矩 M
自重	$0 \leqslant \theta \leqslant \pi/2$	$M_5 = \left(\dfrac{3\pi}{8} - \theta\sin\theta - \dfrac{5}{6}\cos\theta\right)gR_c^2$
	$\pi/2 \leqslant \theta \leqslant \pi$	$M_5 = \left[-\dfrac{\pi}{8} + (\pi - \theta)\sin\theta - \dfrac{5}{6}\cos\theta - \dfrac{1}{2}\pi\sin^2\theta\right]gR_c^2$

表 6-4　修正惯用法轴力计算表（axial force calculation table）

荷载	截面位置	轴力 N
竖向荷载	$0 \leqslant \theta \leqslant \pi$	$N_1 = (p_{e1} + p_{w1})R_c\sin^2\theta$
均布荷载	$0 \leqslant \theta \leqslant \pi$	$N_2 = (q_{e1} + q_{w1})R_c\cos^2\theta$
三角侧压	$0 \leqslant \theta \leqslant \pi$	$N_3 = \dfrac{1}{16}(\cos\theta + 8\cos^2\theta - 4\cos^3\theta)(q_{e2} + q_{w2} - q_{e1} - q_{w1})R_c$
侧向地层抗力	$0 \leqslant \theta \leqslant \pi/4$	$N_4 = 0.3536\cos\theta k\delta R_c$
	$\pi/4 \leqslant \theta \leqslant \pi/2$	$N_4 = (-0.7071\cos\theta + \cos^2\theta + 0.7071\sin^2\theta\cos\theta)k\delta R_c$
自重	$0 \leqslant \theta \leqslant \pi/2$	$N_5 = \left(\theta\sin\theta - \dfrac{1}{6}\cos\theta\right)gR_c$
	$\pi/2 \leqslant \theta \leqslant \pi$	$N_5 = \left(-\pi\sin\theta + \theta\sin\theta + \pi\sin^2\theta - \dfrac{1}{6}\cos\theta\right)gR_c$

表 6-5　修正惯用法剪力计算表（shear force calculation table）

荷载	截面位置	剪力 Q
竖向荷载	$0 \leqslant \theta \leqslant \pi$	$Q_1 = -(p_{e1} + p_{w1})R_c\sin\theta\cos\theta$
均布荷载	$0 \leqslant \theta \leqslant \pi$	$Q_2 = (q_{e1} + q_{w1})R_c\sin\theta\cos\theta$
三角侧压	$0 \leqslant \theta \leqslant \pi$	$Q_3 = \dfrac{1}{16}(\sin\theta + 8\sin\theta\cos^2\theta - 4\sin\theta\cos^2\theta)(q_{e2} + q_{w2} - q_{e1} - q_{w1})R_c$
侧向地层抗力	$0 \leqslant \theta \leqslant \pi/4$	$Q_4 = 0.3536\sin\theta k\delta R_c$
	$\pi/4 \leqslant \theta \leqslant \pi/2$	$Q_4 = (\sin\theta\cos\theta - 0.7071\cos^2\theta\sin\theta)k\delta R_c$
自重	$0 \leqslant \theta \leqslant \pi/2$	$Q_5 = -\left(\theta\cos\theta + \dfrac{1}{6}\sin\theta\right)gR_c$
	$\pi/2 \leqslant \theta \leqslant \pi$	$Q_5 = \left[(\pi - \theta)\cos\theta - \pi\sin\theta\cos\theta - \dfrac{1}{6}\sin\theta\right]gR_c$

其中表 6-3～表 6-5 中的符号相关含义如图 6-10 所示。

盾构隧道管片所受的总内力弯矩 M、轴力 N 和剪力 Q 按公式（6-19）计算。

$$\begin{cases} M = \sum M_i \\ N = \sum N_i \quad (i = 1,2,3,4,5) \\ Q = \sum Q_i \end{cases} \tag{6-19}$$

第三节 岩体力学计算方法（Calculation Method of Rock Mechanics）

一、岩体力学方法分析思路（Analysis Ideas for Rock Mechanics Methods）

（1）岩体力学方法的出发点是支护结构与围岩相互作用（interaction between supporting structure and surrounding rock），组成一个共同承载体系（common carrying system），其中围岩为主要的承载结构。

（2）计算模型为地层-结构模型（stratum-structure model），即处于无限或半无限介质中的结构和镶嵌在围岩孔洞上的支护结构所组成的复合结构（composite structure）。

（3）特点：能反映出隧道开挖后的围岩应力状态。

二、解析法（Analytic Method）

解析法是根据实际问题列出其平衡方程（balance equation）、几何方程（geometric equation）和物理方程（physical equation），而后根据所给定的边界条件，对问题直接进行求解。

解析法需要复杂的数学方法进行分析，目前解析法只能给出少数简单问题的解答（如圆形隧道）。

三、数值模拟（Numerical Simulation）

1. 数值分析方法（numerical analysis nethod）的含义

由于隧道结构大多几何形状复杂，围岩介质具有不均匀连续（uneven continuous）、各向异性（anisotropy）等非线性特性，而且，衬砌支护结构的计算还与开挖方法（excavation method）、支护过程（support process）等有关。对于这类复杂问题，一般需要采取数值分析方法加以解决。

数值分析方法是将一些可以用常微分方程（ordinary differential equation）、偏微分方程（partial differential equations）、积分方程（integral equation）、线性方程组（linear equations）或非线性方程组（nonlinear equations）来描述、但用纯解析方法又难以求解，或求解的过程非常繁杂、工作量巨大的工程问题，运用插值函数（interpolation function）、函数逼近（function approximation）与数据拟合（data fitting）等方法，并借助计算机的优势用计算软件来进行的方法。

2. 岩土工程中数值分析方法（Numerical Analysis Methods in Geotechnical Engineering）

应用在岩土工程中的数值分析方法主要有：有限元法（FEM）、无网格法（Meshfree）、有限差分法（FDM，FLAC）、边界元法（BEM）、离散元法（DEM）、颗粒流方法（PFC）、有限元法与上述几种方法的耦合方法等。

有限元基于最小总势能变分原理（variational principle of minimum total potential energy），能方便处理各种非线性问题（non-linear problem），灵活模拟岩土工程中复杂的施工过程，在岩石力学领域应用最为广泛。

边界元法以表述拜特（betti）互等定理的积分方程为基础，建立了直接法的基本方程，而基于叠加原理建立了间接法的总体方程；因其前处理工作量少、能有效模型拟远场效应而普遍应用于无界域或半无界域问题的求解。

有限差分法是将问题的基本方程和边界条件以简单、直观的差分形式表述，更易在实际工程中应用。

离散元是康德尔以刚性离散单元为基本单元，根据牛顿第二定律（Newton's second law）提出的一种动态分析方法，既能模拟块体受力后的运动，又能模拟块体本身的受力变形，在边坡（side slope）、隧道（tunnel）、采矿（mining）等方面有重要应用。

3. 隧道工程数值计算模型（Numerical Calculation Model of Tunnel Engineering)

有限单元法（finite element method——FEM）目前已成为隧道工程围岩稳定性分析和支护结构强度计算的有力工具。

它把围岩和支护结构都划分为若干单元，然后根据能量原理（energy principle）建立单元刚度矩阵，并形成整个系统的总刚度矩阵。从而求出系统中各节点的位移和单元的应力。

以下以平面应变问题来说明有限元解法的一般过程。

(1) 计算范围（calculation range）

大多数隧道工程都涉及无限域或半无限域，而有限元法处理这类问题通常是在有限区域里进行离散化。为了使这种处理方法不至于产生过大的误差，计算区域必须有足够的范围，并使区域外边界条件尽可能接近实际状态。

(2) 计算网格划分与离散（computational meshing and discretization）

使用有限元法进行隧道工程分析，在计算范围确定后并非任何一种网格划分形式都可以得到同样的结果。单元划分的疏密、大小和形状都会影响计算精度。

理论上讲，单元划分得越密越小，形状越规则，计算精度越高。在实际工程中人们总是对计算范围中的某些区域更感兴趣，如洞室或隧道结构物周围区域、地质构造区域等应力位移变化梯度大以及荷载有突变的区域。上述部位的单元划分可加密，而其他区域则可稀疏一些。疏密区单元大小相差不宜过大，应尽可能均匀过渡。

此外，根据对称的特性，在对称轴上的各点无垂直于对称轴方向的位移，因此可以从分析区域中取出一半进行研究，这将大大减少计算工作量和计算时间。

(3) 单元类型选择（unit type selection）

围岩（surrounding rock）：多采用线性应变单元（linear strain cell）和二次

应变单元（secondary strain unit）。通常采用四节点或八节点的四边形等单元，它能适应曲边形的外形，便于进行网格自动划分，也具有较高的计算精度。

喷射混凝土层或模注混凝土衬砌（shotcrete layer or molded concrete lining）：可采用与围岩相同的单元类型，也可用梁单元模拟。

锚杆（anchor rod）：最常用的是采用轴力杆单元（axial rod unit）来模拟。

(4) 边界条件（boundary condition）

岩体边界上的条件通常两侧边界按水平方向固定、垂直方向自由，下边界约束情况一般按垂直方向固定、水平方向自由。

无论采取何种边界条件，都可能会产生与实际情况不完全一致的误差。这种误差在靠近边界处比远离边界处的误差大。这一现象称为边界效应（border effect）。

4. 隧道工程开挖与支护的模拟（Simulation of Tunnel Excavation and Support）

(1) 隧道工程数值分析的特点

隧道施工过程主要包括洞室的开挖（excavation）、喷射混凝土（shotcrete）和锚杆的设置（anchor setting）、二次衬砌混凝土结构的浇筑（pouring of secondary lining concrete structure）等。

这些施工过程都相当于在原始地应力场中增加新的荷载或改变地下结构的材料而产生二次、三次……应力场。这是隧道工程数值分析的一个重要特点。

(2) 开挖过程的荷载释放（load release）

岩体在开挖隧道之前是处于一定的初始应力状态（initial stress state），开挖使隧道周边上各点的应力"解除"，从而引起围岩应力场的变化。

在进行有限元分析时，必须设法模拟这个开挖卸荷的效果。通用方法就是在隧道周边的点上加"等效释放荷载"。

在实际模拟计算中，具体的"等效释放荷载（equivalent release load）"一般是由计算软件自动完成的。

因隧道是采用多次支护（multiple support），"等效释放荷载"由围岩、初支、二衬共同承担，计算中则应根据计算经验人为设定它们各自承担释放荷载的比例，即"荷载释放系数（load release factor）"。

5. 围岩与支护结构稳定性的判断（Judgement of Stability of Surrounding Rock and Supporting Structure）

完成以上步骤后，就可运用有限元法计算软件求算各种单元应力（element stress）。根据数值分析计算结果，如何合理地判断围岩的稳定性也是当前尚未解决的一个问题。在数值分析方法中，除非将支护结构离散为梁单元，否则都只能求得支护结构中的应力，而不能直接采用规范中的公式校核支护结构的强度。

目前采用的判断围岩与支护结构稳定性的方法主要有如下几种：

(1) 超载系数法（overload factor method）

将外荷载乘以系数值，并逐渐增大值进行反复计算，直到计算不能收敛为止，即认为围岩失稳，值为安全系数。

(2) 材料安全储备法（material safety reserve act）

又称强度折减法（strength reduction method），将材料的主要强度特征值乘以安全系数，然后逐渐降低值并反复计算到围岩失稳（即计算不收敛）为止，就是安全度。

(3) 经验类比法（empirical analogy）

将计算所得洞壁变形值或塑性区范围与按经验所得的围岩失稳时的允许位移值（极限位移值）或允许的塑性区大小进行比较，由此确定围岩稳定性的安全度。

第四节 隧道结构抗震计算（Seismic Calculation of Tunnel Structure）

一、抗震设计规定（Code for Seismic Design）

原则上在地震基本烈度为 7 度及以上地区的隧道，需要进行抗震设计（seismic design）。

隧道的洞口（cave entrance）、浅埋和偏压地段（shallow buried and biased areas）受地震荷载的作用明显，应为抗震设防地段，其衬砌结构应予以加强。

计算隧道和明洞的结构抗震强度（structure seismic strength）和稳定性（stability）时，地震荷载只与恒载和活载组合，按破损阶段法计算，且其安全系数应符合相关规定。

二、地震系数法（Seismic Coefficient Method）

进行隧道抗震计算时，通常只计算水平地震力的作用，并考虑两种情况：一是水平地震力的方向横交隧道纵轴时应考虑洞口、浅埋、偏压地段和明洞，二是水平地震力的方向沿隧道纵轴时仅需考虑洞门及洞口一个环节衬砌。

1. 横向水平地震力（Lateral Horizontal Seismic Force）

由于地震时水平加速度引起的结构本身的惯性力，作用于衬砌上任一质点的横向水平地震力见公式（6-20）。

$$F_{ihE} = \eta_c K_h m_i g_n \tag{6-20}$$

式中　F_{ihE}——水平地震力（kN）；

　　　η_c——综合影响系数，岩石地基的明洞采用 0.2，其他采用 0.25；

　　　K_h——水平地震系数；

　　　m_i——计算质点 i 的建筑物质量或计算土柱质量（t）；

　　　g_n——重力加速度（m/s²）。

2. 纵向水平地震力 (Longitudinal Horizontal Seismic Force)

隧道纵向水平地震力示意图如图 6-11 所示,其中水平梁荷载的计算见公式 (6-21)。

$$F_1 = \eta_c K_h m_i g_n l \qquad (6-21)$$

式中　F_1——水平梁水平地震力 (kN);
　　　η_c——综合影响系数;
　　　K_h——水平地震系数;
　　　m_i——计算质点的建筑物质量或计算土柱质量 (t);
　　　g_n——重力加速度 (m/s^2);
　　　l——洞口一个环节衬砌长度 (m)。

竖向梁荷载的计算见公式 (6-22)。

$$\left.\begin{array}{l} F_2 = \dfrac{\eta_c K_h m_i g_n l}{H} \\ p = \dfrac{1}{2} F_1 B \end{array}\right\} \qquad (6-22)$$

式中　F_2——竖向梁水平地震力 (kN);
　　　η_c——综合影响系数;
　　　K_h——水平地震系数;
　　　m_i——计算质点的建筑物质量或计算土柱质量的一半 (t);
　　　g_n——重力加速度 (m/s^2);
　　　l——洞口一个环节衬砌长度 (m);
　　　H——衬砌高度 (m);
　　　B——衬砌宽度 (m)。

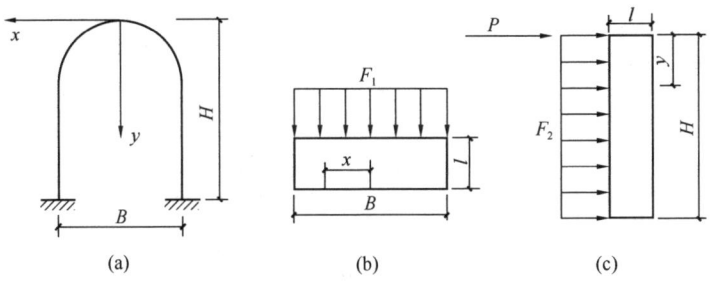

图 6-11　纵向水平地震力示意图 (longitudinal horizontal seismic force)

3. 衬砌内力计算 (Internal Force Calculation of Lining)

采用结构矩阵分析方法计算隧道衬砌内力。

衬砌任一截面内的弯矩(水平梁)按公式 (6-23) 计算:

$$M'_i = \frac{1}{2} F_1 B^2 \left(\frac{1}{12} - \frac{x^2}{B^2} \right) \tag{6-23}$$

衬砌任一截面内的弯矩（竖向梁）按公式（6-24）计算：

$$M''_i = -\left(\frac{1}{2} F_2 y^2 + py \right) \tag{6-24}$$

衬砌任一截面中，由于地震力产生的最大应力按公式（6-25）计算：

$$\sigma_i = \frac{M'_i}{W'_i} + \frac{M''_i}{W''_i} \tag{6-25}$$

其中，公式（6-23）～公式（6-25）中相关变量同公式（6-21）与公式（6-22）；截面惯性矩 W'_i 与 W''_i 分别按公式（6-23）和公式（6-24）计算；B 为隧道洞室跨度；其余符号意义如图 6-11 所示。

专业词汇汉英对照（Glossary）

专业词汇	拼音	英文
隧道衬砌	suìdào chènqì	tunnel lining
结构受力分析	jiégòu shòulì fēnxī	stress analysis of structure
围岩抗力	wéiyán kànglì	resistance of surrounding rock
结构力学	jiégòu lìxué	structural mechanics
主动荷载	zhǔdòng hèzài	active load
被动荷载	bèidòng hèzài	passive load
矩阵位移法	jǔzhèn wèiyífǎ	matrix Displacement Method
平面应变问题	píngmiàn yìngbiàn wèntí	plane strain problem
修正惯用法	xiūzhèng guànyòngfǎ	modified routine method
岩体力学	yántǐ lìxué	rock mechanics
解析法	jiěxīfǎ	analytic method
数值模拟	shùzhí mónǐ	numerical simulation
抗震计算	kàngzhèn jìsuàn	seismic calculation
边界条件	biānjiè tiáojiàn	boundary condition

第六章 隧道衬砌结构受力分析与计算
Calculation and Analysis of Tunnel Lining Structure

思考题（Questions）

（1）隧道结构的受力特点有哪些？什么是隧道结构体系？
（2）什么是荷载-结构模型？什么是岩体力学模型？
（3）什么是围岩弹性抗力？围岩弹性抗力几种处理方式？
（4）采用直接刚度法计算时，隧道结构有哪三种单刚矩阵？

拓展阅读（Extensive Reading）

（1）汶川大地震

2008年5月12日14时28分04秒，四川省西部龙门山断裂带发生Ms8.0级地震。这次地震震源12~15km，持续时间120s，释放能量是唐山地震的3倍，是中国近百年来在密集人口处破坏最严重的一次地震，造成87000余人死亡和失踪，直接经济损失8451亿元，受灾面积达13万km²。在震中区映秀附近，有国道213线和国道317线的共同段从都江堰经映秀通往汶川。这段高速公路大致上为南北走向并经过了龙门山断裂破坏地区，除了原有公路外，2007年底建成了映秀—汶川二级路，都江堰—映秀高速路段震前路基和桥梁已基本完成，仅紫坪铺和龙溪两座特长隧道有300m左右没有贯通。新建的都江堰—汶川公路共有隧道11座，其中高速路段3座，二级路段7座，映秀镇卧龙连接线隧道1座。此外，由于紫坪铺水电站修建，原213国道从都江堰—映秀修建的绕坝路共有隧道3座。在汶川地震中，这些隧道受到不同程度的损坏，特别是震中区附近的烧火坪隧道、龙溪隧道、龙洞子隧道和紫坪铺隧道损坏较为严重。

（2）高烈度地震区隧道抗震减震措施

目前，高烈度区矿山法隧道衬砌可采取设抗震缝、接长明洞、衬砌加强、围岩加固等措施，盾构隧道主要采用减震层、设置可挠管片环、减小连接刚度和减小管片幅宽等方法。目前有学者提出一种适用松散土层或者裂隙岩体的"减震层-加固围岩"隧道抗减震体系，可有效增强隧道结构的抗减震性能。

中国目前正在大规模开展川藏铁路等艰险山区交通干线的建设，很多隧道工程位于高烈度活动断裂带区域，尽管国内外对于这种不利的地质条件提出了许多加固措施，但对于这些措施的关键参数和减震控制机理仍有待深入研究。因此，发展实用可靠的复杂不利场地条件的隧道抗震分析理论和方法，揭示隧道地震响应规律和致灾机理，完善隧道抗震减震措施，将具有重要的科学意义和工程应用价值。

(3) 岩爆

根据发生机制的不同，岩爆通常可分为断裂滑移型岩爆、应变型岩爆。应变型岩爆本质上是岩石的脆性破坏，一般认为其机制是完整岩体隧洞开挖卸荷引起围岩应力集中，裂纹不断扩展、贯通直至破坏，当围岩弹性应变能量大于破坏耗散能量时，在应变能量的驱动下破坏围岩，从而有岩体像爆炸一样向临空面弹射而出，消散能量。断裂滑移型岩爆本质上是结构面的剪切滑移破坏，由于力学行为和结构面性状的复杂性，关于断裂滑移型岩爆的具体诱发机理，目前尚未形成统一认识，但结构面可能诱发高岩爆已得到确认。水电交通隧洞施工一般对大规模的断层扰动较小，可能诱导强烈岩爆的结构面以较小规模的节理、层面、硬性结构面为主，且岩爆爆坑以结构面为边界。

(4) 隧道设计理论和方法不断发展

自 20 世纪 80 年代以来，中国一直采用依靠经验为主的标准设计和类比设计方法。近年来，在借鉴、消化、吸收国外"新奥法""挪威法""新意法"等理念的基础上，充分结合中国铁路隧道地形、地质及气候条件复杂多样的特点，逐渐向半定量和定量的解析设计方法转变，从容许应力法到基于极限状态的概率可靠度法，基于有限元、有限差分的数值模拟法也开始应用于结构设计中，使设计质量有了大幅度提高。隧道设计思想也有了重大转变，从过去单纯依靠衬砌承载的观点，改变为主要依靠围岩，充分利用围岩自承能力，并在围岩稳定性评价及分级、围岩变形控制设计等方面进行了诸多探索、研究和总结，逐渐形成了以主动控制围岩变形为主的中国特色隧道修建方法，大大促进了中国铁路隧道设计理论和方法的发展。

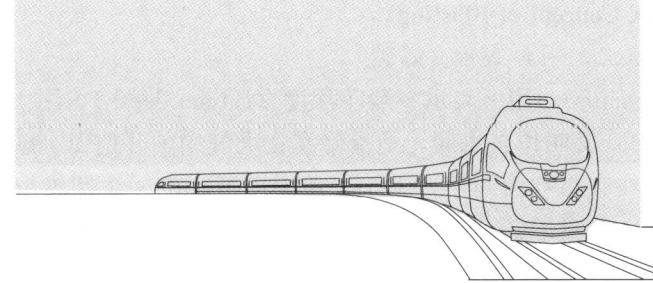

第 七 章

隧道施工方法与支护技术
Tunnel Construction Method and Supporting Technology

第一节 钻爆法（Drilling and Blasting Method）

一、钻爆开挖技术（Drilling and Blasting Excavation）

1. 钻爆施工要求（Requirements for Drilling and Blasting Construction）

按设计要求开挖出断面；石渣块度（lumpiness）适中，抛掷范围（range）相对集中，便于装渣运输；钻眼量少，掘进速度快，少占作业循环时间；减小对围岩震动破坏（damage），以保证围岩稳定；减少对施工用机具设备及支护结构破坏，减少对周围环境的破坏。

2. 无限介质中的爆破作用（Blasting in Infinite Media）

（1）压缩粉碎区（compressed comminuting area），半径为 R_1 范围的区域，如图 7-1 所示。

（2）抛掷区（throwing range），R_1 与 R_2 之间的范围叫作抛掷区。介质的结构仍然被破坏成碎块。

（3）破坏区（destruction area），该区又叫作松动区，是指 R_2 与 R_3 之间的区域。

（4）震动区（vibration area），R_3 与 R_4 之间的范围叫作爆破震动区。在此范围内，爆破能量只能使介质发生弹性变形，不能产生破坏作用。

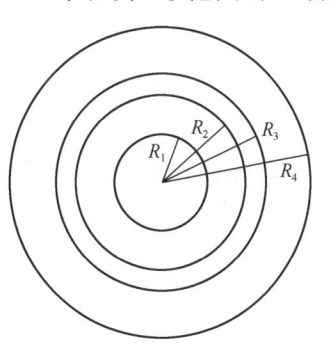

图 7-1 爆破区域示意图（blasting area）

3. 爆破基本概念（Basic Concept of Blasting）

破裂半径（rupture radius），用 R 表示。爆破漏斗半径（blasting funnel radius），用 r 表示。漏斗深度（funnel depth），用 p 表示。临空面（free surface），又叫作自由面，是指暴露在大气中的开挖面。爆破漏斗（blasting funnel），在有临空面的情况下，炸药爆破形成的一个圆锥形（conical）的爆破凹坑（pit）就叫爆破漏斗。最小抵抗线（line of least resistance），药包中心到自由面的最小距离，用 w 表示。爆破作用指数（blasting action index），爆破漏斗半径 r 与最小抵抗线 w 的比值 n（$n=r/w$）称为爆破作用指数。相关参数示意图如图 7-2 所示。

其中：$n=1$ 的爆破称为标准抛掷爆破（standard throw blasting），其漏斗为标准抛掷爆破漏斗（standard tossing blasting funnel）；$n>1$ 的爆破称为加强抛掷爆破（enhanced throwing blasting）或扬弃爆破（sublate blasting）；$0.75<n<1$ 的爆破称为加强松动或减弱抛掷爆破（strengthen loosening or weaken throwing blasting）；$n\leqslant 0.75$ 的爆破称为松动爆破（loose blasting）。

4. 钻孔机具（Drilling Machine）

钻孔机具采用凿岩机（rock drill），按使用动力可以分为风动（wind）凿岩机（图 7-3）、内燃（internal combustion）凿岩机、电动（electric）凿岩机、液压（hydraulic）凿岩机。按钻进工作原理可分为冲击转动式（impact rotation）、旋转式（spiral）、旋转冲击式（rotary impact）。

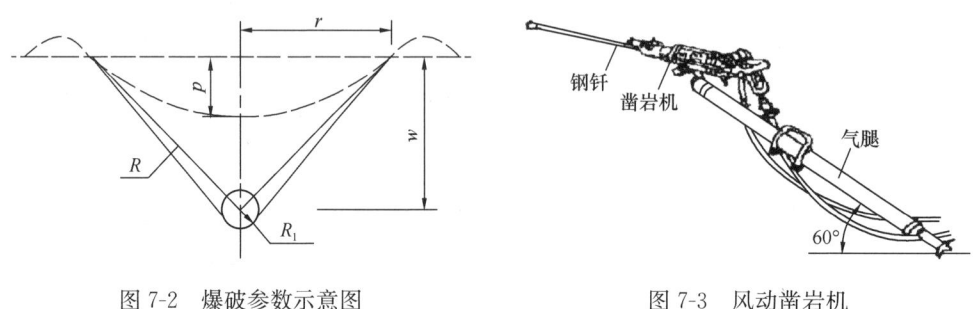

图 7-2　爆破参数示意图　　图 7-3　风动凿岩机

（blasting parameters）　　（pneumatic rock drill）

5. 爆破材料（Blasting Materials）

（1）炸药（explosive）

隧道工程中常用的炸药有铵梯炸药（an-tnt explosive）、浆状（水胶）炸药［slurry (hydrogel) explosive］、乳化炸药（emulsion explosive）、硝化甘油炸药（nitroglycerine explosive）等，炸药的性能（properties of explosives）主要包括：

① 敏感度（sensitivity）：炸药在外能作用下起爆的难易程度。

② 爆速（detonation velocity）：炸药爆炸时爆轰在炸药内部的传播速度称为爆速。

③ 爆力（explosive power）（威力）：炸药爆炸时对周围介质做功的能力称为爆力。

④ 猛度（brisance）：炸药爆炸后对与之接触的固体介质的局部破坏能力称为猛度。

⑤ 殉爆距离（detonation gap distance）：主动药包爆炸后，能引起与它不相接触的被动药包爆炸，这种现象称为被动药包的"殉爆"；当主动、被动药包采用同性质炸药的等直径药卷时，用于表示被动药包殉爆能力的被动药包能发生殉爆的最大距离称为殉爆距离。

⑥ 爆炸稳定性（explosion stability）：指炸药起爆后连续、完全爆炸的能力。

⑦ 临界直径（critical diameter）：工程爆破中，采用柱状药包时，常用药卷的临界直径来表示炸药的爆炸稳定性，临界直径越小，爆炸稳定性越好。

⑧ 最佳密度（optimum density）：指炸药爆炸稳定且爆速最大时的装药密度。

⑨ 安定性（resistivity）：炸药指其物理化学性质上的安定性。

(2) 起爆传爆材料（initiating and transmitting materials）

导火索（blasting fuse）：又称导火线，由药芯（flux-cored）和索壳组成。外径 5.2~5.8mm，药芯为黑火药。

火雷管（fire detonator）：用导火索喷出的火焰引爆的雷管。

电雷管（electric detonator）：主要由电发火装置和一个火雷管组成。

塑料导爆管（plastic detonating tube）：塑料导爆管是用来传递微弱爆轰波给非电雷管，使之爆炸的传爆材料之一（图 7-4）。

非电雷管（non-electric detonator）：如图 7-4 所示。

图 7-4 塑料导爆管与非电雷管
(plastic detonating tube and non-electric detonator)

导爆索（detonating cord）：又称传爆线，索芯用高烈性炸药（黑索金或太安）制成。它经雷管起爆后，可以直接引爆炸药。传爆速度一般为 6800～7200m/s，外表涂成红色或红黄相间颜色。

继爆管（detonating relay）：是一种专门与导爆索配合使用的、具有毫秒延期作用的起爆器材。

6. 炮眼的种类（Types of Blasthole）

掏槽眼（cuthole）：针对隧道开挖爆破只有一个临空面的特点，为提高爆破效果，宜先在开挖断面的适当位置布置几个掏槽炮眼。

辅助眼（peripheral hole）：位于掏槽炮眼与周边炮眼之间的炮眼称为辅助眼继爆管。

周边眼（auxiliary hole）：沿隧道周边布置的炮眼称为周边眼。

7. 掏槽眼的形式（Form of Cuthole）

直眼掏槽（vertical cut）：所有掏槽炮眼均垂直于开挖面的掏槽形式，称为直眼掏槽，包括柱状掏槽（columnar cut）和螺旋形掏槽（spiral cutting）。

柱状掏槽：充分利用大直径空眼作为临空孔和岩石破碎后的膨胀空间，使爆破后能形成柱状槽口的掏槽爆破。

螺旋形掏槽：中心眼为空眼，邻近空眼的装药眼与空眼之间距离逐渐加大，其联线呈螺旋形状。

斜眼掏槽（angled cut）：包括垂直楔形掏槽（vertical wedge cut）和锥形掏槽（cone cut）。

8. 炸药品种的选择、用量及其分配（Selection, Dosage and Distribution of Explosives）

炸药的品种很多，应根据现场实际的岩石情况及各种炸药的性能进行选用。炸药的用量采用体积法计算，见公式（7-1）。

炸药量的分配：

$$Q = kLS \tag{7-1}$$

式中 Q——一个爆破循环的总药量（kg）；

k——爆破单位体积岩石的炸药平均消耗量（kg/m³）；

L——一个爆破循环的掘进尺寸（m）；

S——开挖断面面积（m²）。

9. 炮眼深度（Blasthole Depth）

炮眼深度多为 1.2～3.5m。

10. 炮眼直径（Blasthole Diameter）

隧道炮眼直径一般为 38～46mm。

11. 炮眼数量（Number of Boreholes）

炮眼数量可按公式（7-2）计算。

$$N = \frac{Q}{q} = \frac{kS}{\alpha\gamma} \tag{7-2}$$

式中　　N ——炮眼数量；

　　　　q ——单孔平均装药量（kg）；

　　　　k ——爆破单位体积岩石的炸药平均消耗量（kg/m³）；

　　　　S ——开挖断面面积（m²）；

　　　　α ——装药系数，即装药长度与炮眼全长的比值，0.5～0.8；

　　　　γ ——每延米药卷的炸药重量（kg）。

12. 比钻眼数（Specific Drilling Holes）

炮眼数量可按公式（7-3）计算。

$$n = \frac{N}{S} \tag{7-3}$$

式中　　N ——炮眼数量；

　　　　S ——开挖断面面积（m²）。

13. 炮眼布置原则及方法（Principles of Blasthole Layout）

一般情况下，布置炮眼应根据隧道的开挖面形状、开挖方向、地质条件、岩性、倾角、断裂、节理等因素来确定，尽可能地利用地质条件，以提高爆破效率。炮眼的布置、深度、角度、间距等应按钻爆设计要求确定。

14. 装药结构和堵塞（Charge Structure and Blockage）

正向装药（forward charge）：是指将起爆药卷放在炮眼口第二个药卷位置上，雷管聚能穴朝向眼底，并用炮泥堵塞眼口。

反向装药（reversed charge）：是指将起爆药卷放在炮眼底部倒数第二个药卷位置上，雷管聚能穴朝向眼口。

实践证明，反向装药结构能提高炮眼利用效率，减少瞎炮率，提高爆破抛掷能力和降低炸药消耗量。炮眼越深，反向装药结构的爆破效果越好。

15. 周边眼的控制爆破（Controlled Blasting of Peripheral Hole）

（1）光面爆破（smooth blasting）：通过正确确定周边眼的各爆破参数，使爆破后的围岩断面轮廓整齐，最大限度地减轻爆破对围岩的震动和破坏，尽可能维持围岩原有完整性和稳定性的爆破技术。

光面爆破的分区起爆顺序（firing sequence）为：掏槽眼（cut hole）—辅助眼（auxiliary hole）—周边眼（peripheral hole）—底板眼（bottom hole）。

（2）预裂爆破（pre-splitting blasting）：预裂爆破实质上是光面爆破的一种，其爆破原理与光面爆破相同，只是分区起爆顺序不同。

预裂爆破的分区起爆顺序为：周边眼—掏槽眼—辅助眼—底板眼。

16. 起爆方法（Detonating Method）

隧道爆破起爆方法常采用导爆管起爆系统（detonating tube initiation system）起爆法。导爆管起爆系统由导爆管、分流连接装置和终端雷管组成，如图 7-5 所示。导爆管起爆系统网路有串联、并联和混合联等多种连接方式。

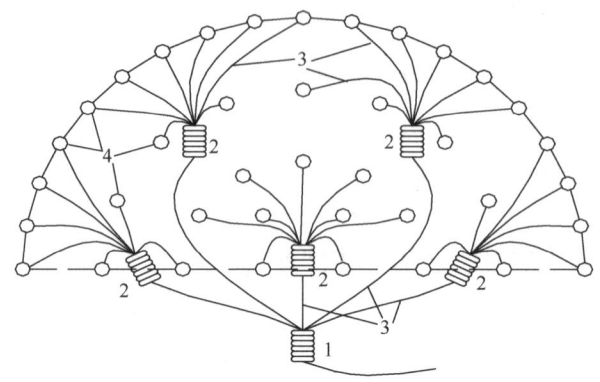

图 7-5　导爆管起爆系统示意图（detonating tube initiation system）
1—引爆雷管；2—导爆雷管与导爆管束联接结；3—导爆管；4—炮孔

17. 超挖（Over-excavation in Tunnel Blasting Excavation）

隧道工程中，超出设计轮廓线以外多挖掉的部分岩体称为超挖部分，简称超挖；而设计轮廓线以内的未开挖的部分称为欠挖（underexcavation）。

（1）产生超挖的原因（reasons for over-excavation）

围岩层理与节理的影响；测量放样误差；炮眼开挖位置的准确性；凿岩机体构造的影响；爆破方法与参数。

（2）控制超挖的主要措施（main measures to control over-excavation）

根据地质条件选择合适的爆破方法和钻爆参数；光面爆破应使用低密度（low density）、低爆速（low detonation velocity）、低猛度（low severity）、高爆力（high explosive force）的炸药；测量放样要正确；加强钻孔技术管理，提高钻孔精度；建立健全开挖、测量、爆破质量管理检查制度。

二、出渣与运输（Ballast-Muck Loading and Transportation）

1. 装渣运输作业三大环节（Three Major Procedures in Ballast Muck Loading and Transportation Operations）

装渣（costume）、运输（transportation）和卸渣（unloading）。出渣量（ballast muck）应为开挖后的虚渣体积。

2. 装渣的方式（Method of Muck Loading）

人力（manpower）装渣或机械（mechanical）装渣。

3. 装渣机械（Muck Loading Machinery）

翻斗式（dump type）（图 7-6）、蟹爪式（crab claw type）（图 7-7）、铲斗式（shovel type）（图 7-8）、挖斗式（digging type）。

第七章 隧道施工方法与支护技术
Tunnel Construction Method and Supporting Technology

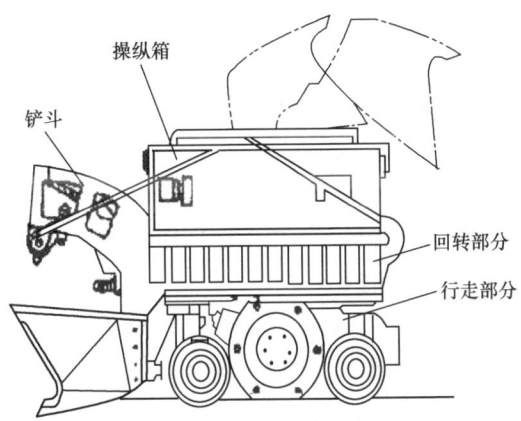

图 7-6 翻斗式装渣机（bucket loader）

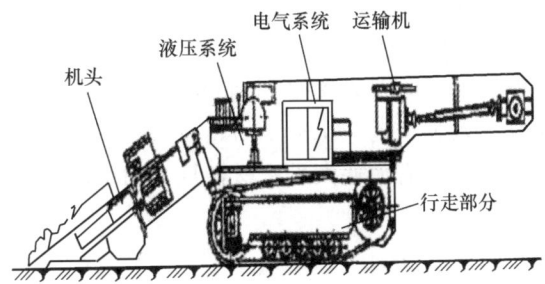

图 7-7 蟹爪式装渣机（crab claw type ballast loader）

图 7-8 铲斗式装渣机（shovel type ballast loader）

4. 运输（Transportation）

（1）有轨运输（rail transportation）

有轨运输的特点：优点有轨运输基本上不排出有害气体，对空气污染较轻；设备构造简单，容易制作；占用空间小而且固定等。不足之处在于轨道铺设较复杂，维修工作量大；调车作业复杂；开挖面延伸轨道影响正常装渣作业等。

(2) 无轨运输（trackless transportation）

无轨运输主要是指汽车运输（car transportation）。

三、支护技术（Support Technology）

1. 支护的作用（Role of Support）

隧道支护通常分为临时支护（temporary support）和永久支护（permanent support），主要作用是：有效地约束和控制围岩的变形；增强围岩的稳定性；防止塌方；保证施工和运营作业的安全。

采用矿山法施工的隧道永久支护——衬砌结构（lining structure），被分为初期支护（initial support）和二期支护（second stage support）（二次衬砌）。

2. 临时支护（Temporary Support）

临时支护又称临时支撑（temporary support），主要用于解决隧道施工安全问题。在进行永久支护前，临时支护通常予以拆除。

(1) 木支撑（wooden support）

其形式主要有框架或半框架式支撑（frame or semi-frame support）、拱形支撑（arched support）、无腿支撑（legless support）等。木支撑一般采用圆木（round wood）。由于木支撑需消耗大量木材，且不利于机械化施工，只宜在抢险应急场合使用。

(2) 钢支撑（steel support）

钢支撑具有承载力大，经久耐用，倒用次数多，占用空间小等优点；但一次投资费用高，比木支撑重，装拆不便，一般在围岩压力较大的隧道施工中使用。

(3) 钢筋混凝土支撑（reinforced concrete support）

在煤矿开挖中使用很普遍。其耐久性很好，但构件笨重，受撞击时易折断，运输安装不方便，一般只在隧道施工中的平行导坑、斜井、横洞等辅助坑道中作临时支撑用。

(4) 锚杆支撑（bolt support）及喷射混凝土支撑（shotcrete support）

锚杆支撑能锚固地层，提高围岩的稳定性，因此与钢木支撑等不同，不是"被动"的支撑。喷射混凝土支撑能及时支护坑道并控制岩体在开挖坑道后的初期变形。锚杆支撑及喷射混凝土支撑或者它们的联合支撑，是隧道临时支护的重要手段之一。

3. 初期支护（Primary Support）

初期支护（primary support）是在隧道开挖后围岩自稳能力（surrounding rock self-stability）不足的条件下，为保证隧道在施工期间的稳定和安全所采取的工程措施，初期支护施作后即成为永久支护的一部分。

(1) 初期支护作用（initial support）

为了有效地约束和控制围岩的变形；增强围岩的稳定性；防止塌方；保证施

工和运营作业的安全。

（2）初期支护类型（initial support type）

隧道初期支护主要采用锚喷支护（anchor shotcrete support），可以充分发挥围岩的自承能力。锚喷支护包括锚杆支护（bolt support）、喷射混凝土支护（shotcrete support）、喷射混凝土锚杆联合支护（shotcrete bolt combined support）、喷射混凝土钢筋网联合支护（combined support of shotcrete reinforced mesh）、喷射混凝土与锚杆及钢筋网联合支护（combined support of shotcrete, anchor rod and steel mesh）、喷钢纤维混凝土支护（steel fiber reinforced concrete support）、喷钢纤维混凝土与锚杆及钢筋网联合支护以及上述几种类型加设型钢（或钢拱架）而成的联合支护（joint support）等。

（3）初期支护要求（initial support requirements）

注意支护的及时性；强锁脚；超挖回填密实；确保超前支护质量。

（4）锚杆（anchor rod）

锚杆的支护效应（support effect）包括悬吊效应（suspension effect）、组合梁效应（composite beam effect）、加固效应（reinforcement effect）。

锚杆的种类：机械式锚固锚杆（mechanical anchor bolt）、粘结式锚固锚杆（bonded anchor bolt）、摩擦式锚固锚杆（friction anchor）。

（5）钢架（steel frame）

钢架架设后立即受力，且强度和刚度均较大，可承受开挖时引起的松动压力。

钢架适用于自稳时间很短的Ⅴ、Ⅵ级围岩隧道，浅埋偏压隧道以及处于粉细砂（Silty fine sand）、大面积淋水等地段的隧道等。

钢架可分为型钢钢架（steel frame）和格栅网构钢架（steel grille）。

4. 二次衬砌（Secondary Lining）

二次衬砌是为了保证隧道在服务年限中的稳定、耐久，以及作为安全储备的工程措施，通常采用素混凝土（concrete）或钢筋混凝土材料。图 7-9 为某四连拱隧道洞口二期衬砌。

图 7-9 二次衬砌（secondary lining）

隧道二期支护（二次衬砌）通常采用模筑混凝土衬砌，衬砌质量的好坏直接影响整个隧道的工程质量和使用功能，因此，在施工中必须注意保证质量，符合设计要求。

四、隧道分部开挖基本方法（Subsection Excavation of Tunnel Partial Excavation）

分部开挖法主要分为台阶法（benched method）和导洞法（heading hole method）。台阶法又分为短台阶（short bench method）、长台阶（long bench method）、超短台阶法（ultra-short bench method）。导洞法分为单侧壁导洞法（single-side heading hole method）、双侧壁导洞法（double-side heading hole method）、中导洞法（middle heading hole method）和三导洞法（three heading holes method）。

第二节　盾构法（Shield Method）

一、盾构法概念与特点（Concept and Characteristics of Shield Method）

1. 盾构法的基本概念（basic concept）

盾构是进行暗挖施工（undercut construction）的装置，是一种既能支承地层压力，又能在地层中推进的钢壳结构（steel shell structure），其断面形状一般为圆形。在钢壳的前部设置有各种类型的支撑，在钢壳中段的周边，安装有顶进所需的千斤顶（jack），盾构尾部是具有一定空间的壳体，在盾尾内可以拼装衬砌，并及时向紧靠盾尾后面的衬砌（lining）与地层之间的空隙中注浆，以控制地层变形。

盾构施工时，先在隧道某段的一端建造工作井（work well），盾构在工作井内组装完成。然后利用工作井的后靠壁作为推进基座（pedestal），由盾构千斤顶将盾构从井壁开孔处顶出工作井，开始沿着隧道设计路线推进。在推进过程中不断地从开挖面排出土体，推进中所受到的地层阻力通过千斤顶传至盾构尾部已拼装好的预制衬砌管片上。

2. 盾构法施工的优点（advantage）

在盾构的掩护下进行开挖与衬砌作业，施工安全；除工作井外，几乎无地面作业，不影响地面交通；施工操作不受气候条件的影响；产生的振动噪声等环境危害较小；对地面建筑物及地下管线的影响较小；隧道的施工费用基本不受埋深的影响；开挖、拼装管片、盾构推进等作业有序进行，循环性强，便于施工管理；在地质差、地下水位高的地段，与明挖法相比，盾构法在经济性、施工进度以及技术上都有着较大的优势。

3. 盾构法施工的缺点（disadvantage）

对埋深有一定的要求，当覆土太浅时，开挖面难以稳定；当隧道曲线半径过小时，盾构转弯较为困难，给施工带来难度；盾构施工时，在地面一定影响范围内，将引起地表隆起和沉陷，需要采取严格的技术措施来控制沉陷；盾构法采用的装配式衬砌，由于拼缝的存在，易漏水，故在饱和含水地层中，对其防水性能要求高。

二、盾构始发与到达 (Shield Launching and Arrival)

1. 盾构掘进的主要施工步骤 (construction steps)

盾构法隧道施工主要由开挖面的平衡 (excavation face balance)、挖掘及出渣 (excavation and slagging)、衬砌及其壁后注浆 (lining and grouting behind the wall) 三大要素组成。其主要施工步骤为：

(1) 在隧道的起始端和到达端各建一个工作井，起始端为盾构始发井 (shield launch shaft)，到达端为盾构接收井 (shield receiving shaft)。

(2) 盾构机在始发井内安装就位。

(3) 依靠盾构机上安装的千斤顶将盾构从始发井的开孔处推出，千斤顶的反力施加在已拼装好的衬砌环和始发井后壁上。

(4) 盾构机在地层中沿着设计轴线推进，在推进的同时不断出土和拼装衬砌管片 (lining segment)。

(5) 及时向衬砌背后的空隙注浆，防止地层发生过大的变形并固定衬砌管片。

(6) 盾构机进入接收井后被拆卸或调头，也可过站再向前推进。

2. 盾构始发流程 (Shield Launching Process)

盾构始发，是指在盾构始发工作竖井内利用反力架和临时组装的负环管片等设备或设施，将处于始发基座上的盾构推入端头加固土体，然后进入地层原状土区段，并沿着设计线路掘进的一系列作业过程。盾构机的始发流程图如图 7-10 所示。

3. 始发与到达的安全措施 (Safety Measures for Launching and Arrival)

盾构始发与到达是盾构法隧道施工过程中两个重大的工序转换阶段，易出现诸如洞门涌水 (gushing water)、地面坍塌 (ground collapse)、洞门失稳 (portal instability)、盾构机姿态失控 (shield machine attitude out of control) 等事故。影响盾构安全始发与到达的几个关键的问题有：始发与到达井的端头加固 (end reinforcement)、洞门密封 (door seal)、盾构

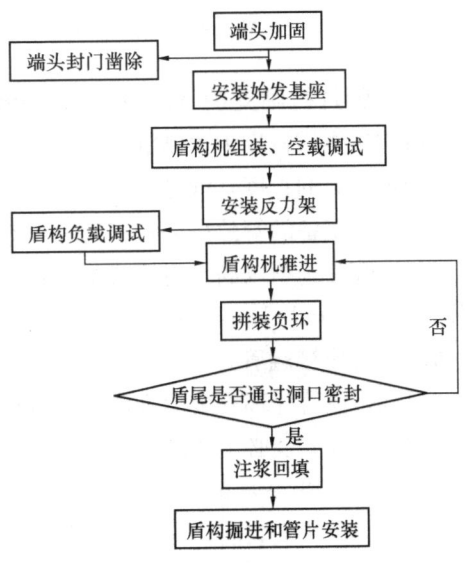

图 7-10 盾构机的始发流程图
(shield launching process)

始发的参数控制（parameter control of shield launch）、始发托架与反力架（starting bracket and reaction frame）等。

三、盾构掘进（Shield Tunneling）

设置选择好各掘进参数（tunneling parameters），做好盾构掘进准备工作，开始掘进，盾尾进行同步注浆，当达到一个循环的掘进进尺时，即进行管片拼装。同时，洞内渣车出洞，洞外装材料车进洞。当掘进达到一定长度（如 6m），即跟着掘进向前延伸列车轨道。盾构掘进施工作业工序流程图如图 7-11 所示。

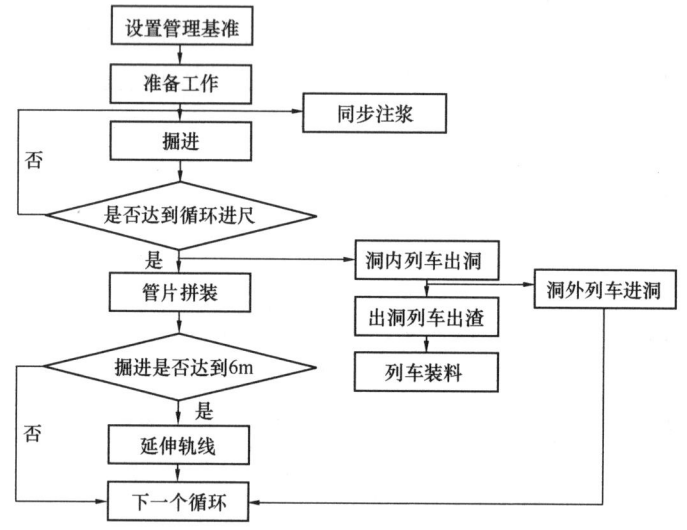

图 7-11　盾构掘进施工作业工序流程图（shield construction process）

四、管片衬砌支护（Segment Lining Support）

盾构法隧道衬砌为预制混凝土管片的装配式衬砌（fabricated lining），盾构向前掘进一定的长度，满足一环管片拼装宽度（assembly width）的要求时，盾构机利用自配备的管片拼装机将管片拼装成环，如图 7-12 所示。

（1）管片选型以满足隧道线形（linear）为前提，重点考虑管片安装后盾尾间隙（shield tail clearance）要满足下一掘进循环限值，确保有足够的盾尾间隙，以防盾尾直接接触管片。一般来说，管片选型与安装位置是根据推进指令先决定，目标是使管片环安装后推进油缸行程（propulsion cylinder stroke）差较小。

（2）管片安装必须从隧道底部开始，然后依次安装相邻块（adjacent block），最后安装封顶块（capping block）。

（3）封顶块安装前，应对止水条进行润滑处理，安装时先径向插入 2/3，调整位置后缓慢纵向顶推。

（4）管片块安装到位后，及时伸出相应位置的推进油缸顶紧管片，其顶推力

图 7-12 盾构隧道管片衬砌（shield tunnel segmental lining）

应大于稳定管片所需力，然后方可移开管片安装机。

（5）管片拼装完后及时安装连接螺栓（connecting bolt），在管片环脱离（break away）盾尾后要对管片连接螺栓再次进行紧固。

五、衬砌壁后注浆（Grouting behind Lining Wall）

盾构机掘进时，盾尾与拼装好的管片之间存在开挖空隙。当盾尾脱出后，土体瞬时失去支撑，将发生向管片方向的位移，形成地层松动（loose ground）、超孔隙水压力降低（decrease in excess pore water pressure）和近管片区域土体强度下降（decrease in soil strength）等现象。若不及时回填该空隙，则势必造成地层变形，进而对邻近的建筑物、构造物产生破坏性的影响。

盾构一边向前推进，一边不停地向盾尾空隙加压注浆材料。不间断地加压，可使注浆材料在充入建筑空隙后、没有达到土体相同强度前，能保持一定的和土体相当的压力，从而使地面沉降控制在最小的范围。

盾构施工中背后注浆的目的有三点：防止地层变形，提高隧道的抗渗性（impermeability），确保管片衬砌的早期稳定。

第三节 掘进机法（Tunnel Boring Machine Method）

一、全断面掘进机的类型（Type of Full Face TBM）

1. 开敞式掘进机（Open Tunneling Machine）

一般适用于硬岩隧道，顶推反力（pushing reaction）与刀盘扭矩力（torque of cutter head）依靠围岩坚硬壁面提供。

包括单撑靴式（single support boot）和双撑靴式（double boots）（撑靴即千斤顶）。

2. 护盾式掘进机（Shield Tunneling Machine）

一般适用于软岩隧道，顶推反力利用尾部安装的衬砌管片，包括单护盾式（single shield）和双护盾式（double shields）。

二、全断面掘进机的主体结构（Main Structure）

主要构造包括刀具（knives）、刀盘（cutter）、支撑和推进系统、刀盘驱动系统、后配套设备。

1. 刀具（Cutting Tools）

掘进中，刀具受顺刀圈径向和侧向复合压力及刀圈和岩石间摩擦力。在均一完整岩石中，刀具主要受径向压力，而所受侧向力并不大。实际岩石是不均质（heterogeneous）和有裂纹（crackle）的，每把滚刀受力不均一。刀具破碎岩石过程，机械能转换成热能，产生大量热能，会降低刀圈寿命（life），因此须作降温处理。

2. 刀盘（Cutter Head）

刀盘由刀座（knife holder）、吊耳（lifting lug）、周边铲斗（surrounding bucket）、可更换铲齿或铲渣板（shovel tooth or shovel ballast plate）、带防护罩喷水孔（water spray hole with protective cover）、人工检查用脚踏点和把手、人孔通道（manhole passage）、与刀盘回转轴承相连接的精加工部件及螺栓孔（bolt hole）等部分组成。

3. 刀盘驱动系统（Driving System of Cutter Head）

刀盘驱动方式有两大类：电动（electric）和液压（hydraulic）。电机又分单速电机（single speed motor）、双速电机（two-speed motor）和调频电机（frequency modulation motor）。

4. 后配套设备（After Supporting Equipment）

后配套设备包括液压系统（hydraulic system）、供电系统（power supply system）、运输系统（transportation system）、通风系统（ventilation system）、降温、防尘、供水及安全系统（cooling, dust prevention, water supply and safety system）、隧道支护设备系统（tunnel support equipment system）及其他辅助设施（auxiliary facilities）。

三、全断面掘进机施工

1. 机理（Mechanism）

在掘进时切削刀盘上的滚刀沿岩石开挖面滚动，切削刀盘均匀地对每个滚刀施加压力，形成对岩面的滚动挤压（roll squeeze），切削刀盘每转动一圈，就会贯入岩面一定深度，在滚刀刀刃与岩石接触处，岩石被挤压成粉末（powder），从这个区域开始，裂缝向相邻的切割槽（cutting groove）扩展，进而形成片状石渣，从而实现破岩（break rock）。

2. 影响因素（Influence Factor）

（1）贯入深度（penetration depth）。刀盘旋转一周进入土中的深度。坚硬和裂隙很少的岩石，一般为 2.5～3.5mm/r；中等坚硬和裂隙较多的岩石中，一般为 5～9mm/r。

（2）滚刀间距（hob spacing）。滚刀间距太大，滚刀产生的压力达不到与相邻滚刀的影响范围相接，从而使开挖效率降低。反之，如果滚刀间距太小，则会浪费设备的功率。

（3）岩体的裂隙（fissures in rock mass）。掘进机施工不仅要注意岩石抗压强度（rock compressive strength），还应注意岩石磨蚀性（abrasiveness）和岩体裂隙程度，当岩体节理裂隙面间距越大时，切割也就会越困难。

3. 施工管理（Construction Management）

施工管理是为了保证有效作业时间，提高设备完好率。因此要合理选用刀具参数，保证配件供应，提高隧道控制测量和施工测量的精度。应建立专门的供电机构，确保供电质量。要精心设计，统筹安排，严格施工，管理人员对掘进方向的地质情况应有足够的了解。

第四节　明挖法（Open-cut Method）

一、明挖法概念（Concept of Open-cut Method）

明挖法又称明挖顺作法（open-cut method），顾名思义，这是一种将地面挖开的施工方法。其基本施工步骤是从地面向下开挖至基底设计标高（base design elevation），然后从下往上施作地铁结构，结构施作完成后进行回填及恢复路面。由于这种施工方式类似于房屋建筑物在敞口基坑内修建基础的施工方法，故又称之为基坑法（foundation pit method）。

二、明挖法优缺点（Advantages and Disadvantages of Open-cut Method）

1. 优点

明挖法具有施工工序简单、施工管理方便、作业面宽敞、便于使用高效率的挖土机械和运输工具等优点，所以施工进度快。此法的施工质量可以得到充分保证。排除征地、拆迁等因素，就土建工程造价而言在同类地层条件下，明挖法是所有施工方法中造价最低的。

2. 缺点

由于明挖法是沿城市道路进行开挖，必然会影响城市正常交通，也会给居民生活带来很多不便，而且对环境的污染也最大，所以该方法只有在各方面条件都许可的前提下才能采用。

三、明挖法施工基坑（construction of deep excavation）

明挖法施工中的基坑可以分为敞口放坡基坑（open sloping foundation pit）和有围护结构的基坑（foundation pit with enclosure structure）两类，在这两类基坑施工中，又可采用不同的维护基坑边坡稳定的技术措施和围护结构。

第五节 沉管法（Immersed Tube Method）

一、沉管法基本概念

沉管法亦称预制管段沉埋法（prefabricated pipe section sinking method）或沉放法（sink method）。沉管法施工时，先在隧址以外的预制场（precast yard）（干船坞或船台设备）制作隧道管段，两端用临时封墙密封，制成后拖运到隧址指定位置上。待定好位后，灌水压载，使管段沉放到预先挖好的水底沟槽中，然后与先沉放的邻接管段进行水下连接，全部沉放和连接好后，再覆土回填，完成隧道的修建。每节管段的长度一般为60~140m。

沉管隧道（immersed tube tunnel）一般由敞开段（open section）、暗埋段（buried section）、岸边竖井（shore shaft）及沉埋段（sinking section）等部分组成。在沉埋段两端，通常设置竖井作为沉埋段的起讫点，竖井是沉埋隧道的重要组成部分，它可作为通风、供电、排水、运料及监控等通道。根据两河岸的地形、地物及地质条件，也可将沉埋段与暗埋段直接相连接而不设竖井。

二、沉管隧道的特点（Characteristics of Immersed Tube Tunnel）

1. 优点

施工质量有保证；对地质水文条件适应性强；埋深浅，便于两岸接线；施工工期短；施工作业条件比较好；可建成大断面多车道。

2. 缺点

制作管段时，混凝土工艺中要求采用一系列严格的技术措施；管段的浮运、沉放等受环境影响大；隧道截面大时，会有管段的稳定、对航道的影响等问题存在。

第六节 洞口段与明洞施工
(Construction of Portal Section and Open-cut Tunnel)

一、洞口段施工（Construction of Portal Section）

洞口段是指隧道开挖可能给洞口地表造成不良影响（下沉、塌穴等）的洞口范围。

1. 洞口段特点（Features of the Portal Section）

洞口段特点包括：埋深浅，地质条件差，地表水汇集，可能存在偏压，要考虑环境，景观影响。

2. 洞口段施工注意事项（construction notes）

要先清理洞口边仰坡有可能滑塌的表土及危石；刷坡应自上而下逐段开挖；不采用深眼大爆破开挖边仰坡；洞门厚度内的衬砌应与洞身衬砌同时施工，连成整体；端墙砌筑与回填应两侧对称同时进行，以防衬砌产生偏压；洞口应设置加强衬砌段，其长度一般不小于10m。

3. 影响施工方法的因素（Factors Affecting Construction Methods）

地质条件（geological conditions）、地形条件（terrain conditions）、施工机具配备情况（condition of construction equipment）、洞外相邻建筑的影响（influence of adjacent buildings outside the cave）、隧道自身构造特点（structural characteristics of the tunnel itself）等。

4. 进洞方法分类（Classification of Entry Methods）

隧道进洞方法分类如图 7-13 所示。

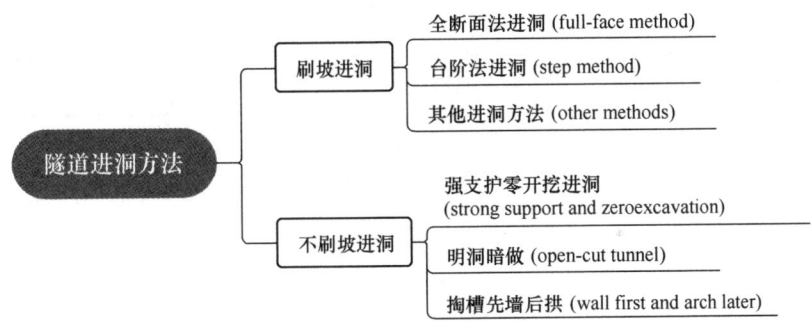

图 7-13　洞口段进洞方法图（excavation method of tunnel portal section）

刷坡进洞法包括：

（1）全断面法（full-face method）进洞：适应于Ⅰ、Ⅱ级围岩。

（2）台阶法（step method）进洞：视地质条件，严格控制爆破进尺。

（3）明洞法（open-cut tunnel method）进洞：在洞口处先作一段明洞，抵紧仰坡坡脚，在明洞上及时回填以加固仰坡，然后暗挖进洞。此法适用于覆盖层薄、边仰坡不稳、偏压等。

（4）其他进洞方法：当围岩很差，超短台阶法往往还不够安全，可用环形开挖留核心土法（circumferential excavation and core soil method）、侧壁导坑法（sidewall pilot pit method）、预支护法（pre-support method）［包括超前锚杆（leading anchor）、超前小导管（leading catheter）、管棚（pipe roof）等］。

二、明洞施工方法（Construction Method of Open-cut Tunnel）

具体施工方法有：

1. 先墙后拱法（Wall First and Arch later）（全部明挖先墙后拱法）

适用于临时边坡能暂时稳定的对称式明洞。先墙后拱法的优点是衬砌整体性好，施工空间大，有利于施工；缺点是土方开挖量大，刷坡（slope stripping）较高。

2. 先拱后墙法（Arch First and Wall after）（明拱暗墙法）

适用于不宜大范围开挖边仰坡的情况。先拱后墙法的优点是土石方开挖量较小，刷坡较低；缺点是衬砌整体性较差，边墙防水层施作不方便。

3. 明洞暗做（Underground Excavation for Open-cut Tunnel）

适用于不宜大范围开挖边仰坡的情况。

专业词汇汉英对照（Glossary）

专业词汇	拼音	英文
分部开挖	fēnbù kāiwā	partial excavation
钻爆开挖技术	zuànbào kāiwā jìshù	drilling and blasting excavation
出渣与运输	chūzhā yǔ yùnshū	ballast-muck loading and transportation
有轨运输	yǒuguǐ yùnshū	rail transportation
无轨运输	wúguǐ yùnshū	trackless transportation
支护技术	zhīhù jìshù	support technology
临时支护	línshí zhīhù	temporary support
永久支护	yǒngjiǔ zhīhù	permanent support
初期支护	chūqī zhīhù	primary support
二次衬砌	èrcì chènqì	secondary lining
盾构法	dùngòufǎ	shield method
掘进机法	juéjìnjīfǎ	tunnel boring machine
明挖法	míngwāfǎ	open-cut method
沉管法	chén'guǎnfǎ	immersed tube method
洞口段	dòngkǒuduàn	portal section

思考题（Questions）

（1）如何降低钻爆法施工过程中的超欠挖现象？
（2）隧道防排水措施有哪些？
（3）渣土的有轨运输与无轨运输的特点分别是什么？
（4）隧道钻爆法分部开挖方法有哪几种主要类型？简述它们各自的特点及适用条件。
（5）试说明盾构法、明挖法和沉管法的基本概念。

拓展阅读（Extensive Reading）

（1）钻爆法施工技术

现行的钻爆法施工带来了全新的进步，也存在一些施工技术问题，其主要进展总结如下：

① 钻爆法的"三化"。钻爆法的发展和今后的主要趋势可概括为"三化"，即高度机械化、信息化和智能化。这显然是相对于 TBM 和盾构法这些已经取得了很高机械化和信息化水平的中国传统施工技术来说的。但是必须清醒地意识到，由于在坑道和地下工程的钻爆技术研究领域，部分重要基础理论与新技术方面的探索工作还处在科学与工程类比中的零点五概念零点五实践阶段中，在与信息化、高智能技术研究和运用有关的大量资料、数据、信息的收集、分析和数据挖掘等工作中，仍面临着很多的稀缺品种、随机数列、离散度和不确定性，集中反映了在开挖过程中分级的大数据化处理、对岩块爆破性能（超欠挖和岩体变形爆破块度）的大数据分析、支护与衬砌机等工程特性的定量化研究工作，以及信息收集技术与信息反馈技术等方面。因此，需要从基础数据的采集、准备与反馈分析等方面着手，建立相应的技术规范与质量管理体系，从而实现在真正意义上能够考虑全寿命周期管理的隧道建设以及地下工程信息化管理与智能化建造。

② 钻爆法的爆破设计研究。从工程爆破理论和工程实践应用的角度，隧道岩体爆破工程涉及的关键技术问题，主要包括岩石可爆性评价、围岩分级设计、超欠挖控制、因爆破所引起的围岩损伤及预测、爆破振动以及次生灾害控制等方面。在超前的地质预报和钻爆设计研究方面，应加强在岩层产状、不连续面分布、大地应力状态等因素下，对围岩爆破作用和效果评价等方面的研究，以充分发挥爆破能耗并获得更好的爆破开挖效果，同时降低对围岩

和既有结构的损伤程度，并充分发挥围岩自稳能力，以达到节约支护成本、降低隧道病害风险、提升工程综合效益的目的。钻爆法施工的隧道以及地下工程中，对围岩分级宜给出较为准确可靠的分级参数，如 BQ 值或经过修正的 BQ 值等，而非仅仅是对围岩分类。因此钻爆法施工的技术发展方向应该以机械化和信息化为主，虽然智能化程度于中国当前的实际情况而言，尚存在着较大困难，但肯定是当前技术发展的主要目标方向。

(2) TBM 的施工设计

我国自 2013 年起，逐步步入了对 TBM 工艺的自主研究和产品的对外出口阶段。在 2015 年，中国铁建重工开发的 $\phi7.6m$ 煤矿斜井单护盾 TBM，用来建造了神华神东补连塔的第二功能副井，跨越了软岩、硬岩和复合岩性地层以及不同土壤情况，并通过改变了 TBM 姿态解决了竖曲线问题，在建造时最高月进尺 639m。2016 年，由中铁设备有限公司研制的 $\phi5.48m$ 双护盾 TBM 用于新建兰州市水源地项目，输水隧洞的主洞为高压引水隧洞，全长 31.57km。其中 TBM 施工洞段长达 24.4km，最大埋深 918m，施工期限较长，岩块强韧度变异大，岩性结构土壤及地层条件多变；由铁建重工研制的"大埋深、可变径" TBM，开挖直径可在 $\phi6.53m$ 和 $\phi6.83m$ 之间调整，该 TBM 用于新疆某重大输水隧洞工程（全长约 42km），穿越有"大埋深、围岩大变形、强岩爆、穿越大断层破碎带、高地温、岩体蚀变破碎带"的世界级工程地质难题，是我国目前 TBM 施工中最具挑战性的隧洞。2017 年，由中国中铁隧道局公司与中铁施工装备公司联合开发的大直径 $\phi9.03m$ 敞开式 TBM "彩云号"运用于大瑞铁路高黎贡山隧道，该隧道长度为 3.45km，其有强高热害、软岩大应变、涌流、断层破裂区、多强烈的地震带等的施工特点。2021 年，由中铁隧道部和中铁装备公司共同开发的 TBM "高加索"型为中国国家技术标准，由中国研制并建造，尺寸为 15.08m，有效长度为 182m，并率先引入了同步掘进车盾构架工艺，内装有主动铰合、双向螺旋盾构机刀盘、双速减速机等，可进行主机位置的准确调节以及在恶劣地质环境下的高速脱困。

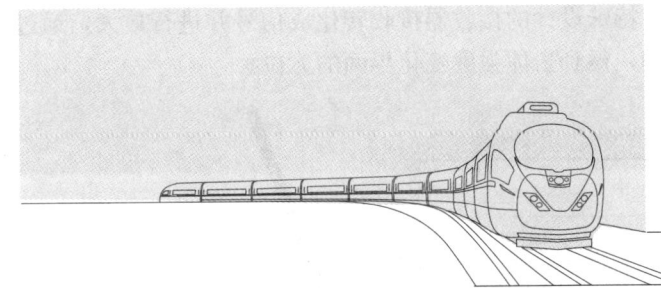

第 八 章

隧道辅助施工措施与技术
Tunnel Auxiliary Construction Measures and Technology

第一节 超前地质预报（Advanced Geological Forecast）

一、超前地质预报的目的

超前地质预报能使施工单位准确、全面地掌握隧道开挖山体的地质情况，使施工单位在确定施工方案（construction plan），选择施工工艺（construction technology），确定衬砌施工类型（lining construction type）、开挖方式（excavation method）、爆破方式（blasting method），发现溶洞（karst cave）等工作中能够尽快做好准备工作，是施工的指南针。因此对超前地质预报一定要准确进行，同步的沉降（settlement）观测也必须进行。

二、超前地质预报方法（Advanced Geological Forecast Method）

1. 地质素描预测法（Prediction Method for Geological Sketching）

地质素描预测法分为岩层岩性及层位预测法、条带状不良地质体影响隧道长度预测法以及不规则地质体影响隧道长度预测法三种。

2. 长距离超前物探（Long Distance Advanced Geophysical Prospecting）

首选方法为地质探测仪。TSP203 超前地质预报系统（图 8-1）是利用地震波在不均匀地质中产生的反射波（reflected wave）特性来预报隧道掘进面前方及周围临近区域的地质状况。它是在掌子面（work face）后方边墙一定范围内布置一排爆破点（间距 1.5m），进行微弱爆破，产生的地震波在隧道前方体内传播，当岩石强度发生变化，界面两侧岩石的强度差别越大，反射回来的信号、返回的时间和方向差别越大，通过专用数据处理软件处理得到岩体强度变化界面的信号也就越强。返回信号被经过特殊设计的接收器接收转化成信号并进行放大,通过专用数据处理软件进行处理,得到岩体强度变化界面的方位。

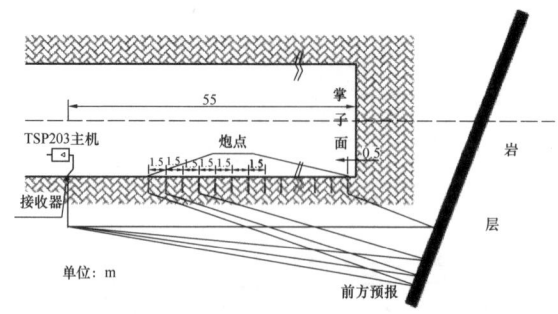

图 8-1　地质预报系统现场测试示意图

(schematic diagram of TSP203 geological forecast system field test)

3. 地质雷达探测（Ground Penetrating Radar，简称 GPR）

采用电磁波反射原理探测浅层地层的划分、岩溶、空洞,进行不均匀体的检测。仪器将发射天线和接收天线集于一体,具有快速、无损、连续检测、实时显示等特点,但在掌子面有水的情况下不宜使用。作为 TSP203 地质预报系统的补充,在 TSP203 预报异常点,在确定异常体的规模、性质、危害性有困难时,采用探地雷达作为补充手段,短距离进一步探测前方 30m 内的地质情况,同时利用探地雷达对隧道洞底和两侧的溶洞发育及岩体破碎情况进行探测。隧道超前地质预报工作内容程序如图 8-2 所示。

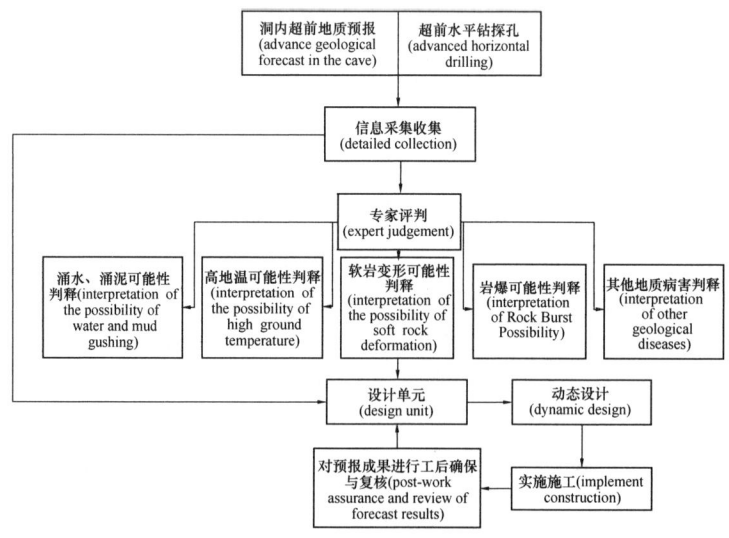

图 8-2　超前地质预报工作内容程序图

(advance geological forecast work content program chart)

第二节　超前支护与加固措施
(Advance Support and Reinforcement Measures)

一、超前锚杆（Advance Rock Bolt）
1. 施工要点（Key Points of Construction）

开挖掘进之前，在开挖面的拱部一定范围内，沿隧道断面的周边，向地层内打入一排纵向锚杆（或小钢管），如图 8-3 所示。通过锚杆对围岩的加固作用，形成超前于工作面的围岩加固棚，在此棚的保护下进行开挖。开挖一个进尺后，再打入一排纵向锚杆，再掘进，如此往复推进。

2. 特点

形成超前于工作面的围岩加固棚。

图 8-3　超前锚杆示意图（schematic diagram of advance anchor bolt）

3. 适用条件

软弱破碎地层（weak fractured formation）。

二、超前小导管注浆（Forepoling and Grouting）
1. 施工要点（Construction Points）

在开挖掘进前，先用喷射混凝土（shotcrete）将开挖面和 5m 范围内的坑道封闭，然后沿坑道周边打入带孔的纵向小导管。由上而下地向小导管内压浆，浆液即由导管渗透到地层中，待浆液硬化后，即在坑道周围形成一个加固了的岩石圈。在此圈防护下即可安全地进行开挖。

2. 特点

预支护＋预加固，支护效果强于超前锚杆（advance rock bolt）。

3. 适用条件

软弱破碎地层。

4. 小导管构造

ϕ38～42mm 无缝钢管，单根长 3～5m，管壁注浆孔，孔径 ϕ6～8mm，孔距 15～20cm，如图 8-4、图 8-5 所示。

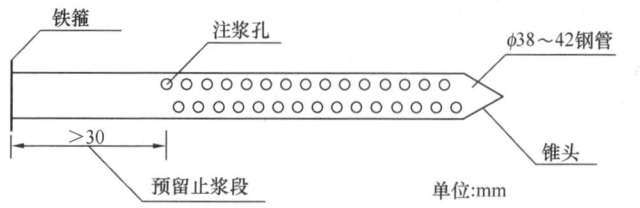

图 8-4 小导管构造示意图（schematic diagram of small conduit structure）

图 8-5 小导管示意图（schematic Diagram of Small Conduit）

5. 小导管设计注意事项

（1）注浆材料：水泥浆或水泥-水玻璃浆。

（2）注浆压力：0.5～1.0MPa。

（3）导管中至中间距，按公式（8-1）计算：

$$b = R/(0.6 \sim 0.7) \tag{8-1}$$

式中　R——单根导管浆液扩散半径（mm）。

（4）单根导管注浆量，按公式（8-2）计算：

$$Q = \pi R^2 l \cdot n \tag{8-2}$$

式中　l——导管长度（m）；

　　　n——围岩空隙率（%）。

（5）注浆效果检查：取岩芯（rock core），达设计要求后才能进行开挖。

三、管棚（Pipe Roof）

1. 管棚的概念（concept）

当隧道位于松软地层（soft formation）中，或遇到塌方（landslide），需要从塌方体中穿过；或浅埋隧道（shallow tunnel），要求限制地表沉陷量；或在很差的洞口地质条件下进洞时，在开挖掘进前，沿坑道上半断面的轮廓线外周边，用大型水平钻机和较小的外插角，打出一排大直径的钢管，并向钢管孔内压入混凝土或设置钢筋笼（reinforcement cage），注入水泥砂浆（cement mortar），于是在地层建立起一个临时承载棚（bearing shed），在其防护下即可进行隧道的断面开挖。

2. 管棚的特点（features）

（1）优点：由于管径较粗，故管棚的承载能力比超前小导管要大，在所有的预支护（pre-support）措施中，它是支护能力最强大的。

（2）缺点：其施工技术也较复杂，造价较高。

3. 施作要点

（1）单根长 4～6m，总长可至数十米。
（2）一环管棚长度一般不小于 10m。
（3）可向管内注入水泥砂浆，以增加其刚度。
（4）钢管的尾部需架设在钢拱架上，并焊死。
（5）相邻两榀钢拱架间以拉筋相连。
（6）与岩壁之间，环向每隔 2m 应用楔子（wedge）楔紧。

四、预注浆加固地层（Pre-grouting for Ground Reinforcement）

在开挖之前，先往地层中注浆以加固围岩，使得开挖能够安全稳妥地进行，称之为预注浆加固地层。

1. 注浆方法

（1）渗入性注浆（infiltration grouting）：在注浆进程中，浆液充填地层中被排出的空气和水的空隙，胶凝成固结体，以提高地层的稳定性（stability）和强度（strength）。

（2）劈裂性注浆（split grouting）：在注浆过程中，浆液周围的土体在注浆压力的作用下被劈裂，形成裂缝，通过土体中形成的浆液胶状固结作用来增强土体内的总压力，以提高其强度和稳定性。

（3）压密性注浆（compaction grouting）：将浓稠的浆液注入土层中，使土体形成浆泡，向周围土层加压使其得到加固。

（4）高压喷灌注浆（high pressure sprinkler grouting）：在高压作用下，高速浆液流从管底部的特殊喷嘴中喷射而出，与伴随着的高速气流一起促使土粒在冲击力、离心力及重力作用下，随注浆管的向上提起与浆液混合形成柱状固结体，以达到加固目的。

2. 注浆设备

（1）钻机（drilling machine）。

（2）注浆管（grouting pipe），如图 8-6 所示。

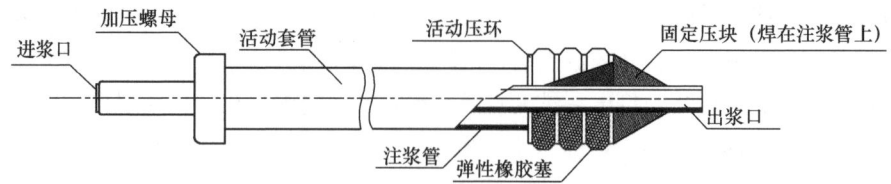

图 8-6　注浆管示意图（schematic diagram of grouting pipe）

3. 隧道注浆方法

（1）洞内超前小导管注浆。

（2）洞内超前长导管注浆，如图 8-7(a) 所示。

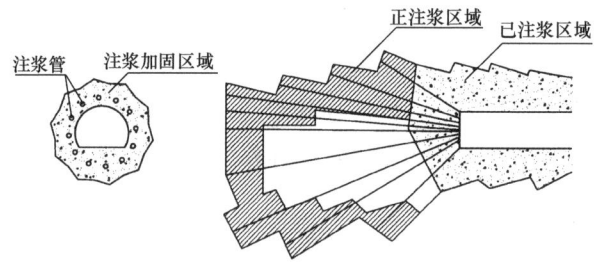

(a) 洞内超前长导管注浆(advanced small pipe grouting inside the tunnel)

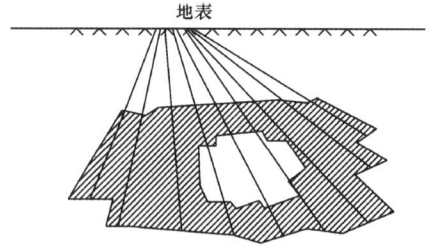

(b) 地表注浆(surface grouting)

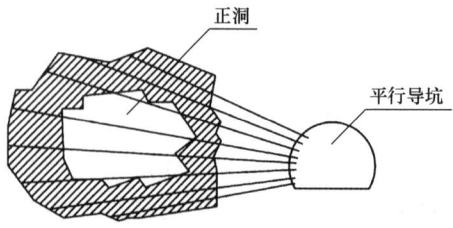

(c) 由平导内向正洞周围注浆(grouting around the main tunnel from parallel heading adit)

图 8-7　隧道注浆方法（tunnel grouting method）

(3) 地表注浆，如图 8-7(b) 所示。

(4) 由平导（parallel heading adit）内向正洞周围注浆，如图 8-7(c) 所示。采用最多的仍是超前小导管注浆。

4. 注浆材料

注浆材料包括水泥浆、水泥系浆液和药液系浆液组成。其中水泥浆由水、水泥、外加剂和外掺料组成；水泥系浆液由水泥-水玻璃系、水玻璃-矿渣＋水泥系组成；药液系浆液包括水玻璃系、高分子系，水玻璃系由酸性系（酸性浆液材料）、金属盐类系（瞬间凝胶化）、碱性系、丙烯酰胺系（acrylamide series）组成，高分子系由尿素系和尿烷系组成。

5. 注浆工艺

(1) 双液注浆工艺（single liquid grouting process）

单液注浆工艺流程如图 8-8 所示。

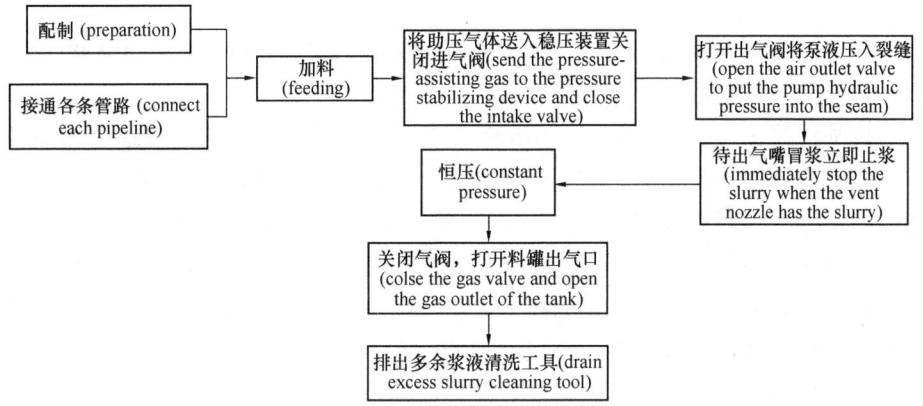

图 8-8　单液注浆工艺流程（single liquid grouting process）

(2) 双液注浆工艺（double liquid grouting process）

双液注浆工艺流程如图 8-9 所示。

6. 注浆数量控制

(1) 现场注浆试验；

(2) 以公式（8-3）计算作参考：

$$Q = An\alpha(1+\beta) \tag{8-3}$$

式中　Q——总注浆量（m^3）；

$n\alpha(1+\beta)$——地层充填率；

A——注浆范围岩的体积（m^3）；

n——围岩空隙率（%）；

α——浆液充填系数，一般取 0.7~0.9；

β——注浆材料损耗系数，通常在 0.1 左右。

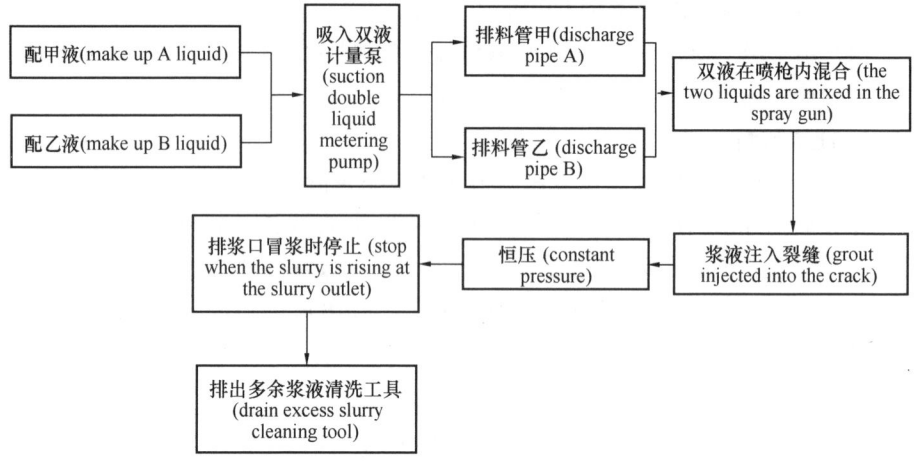

图 8-9 双液注浆工艺流程（double liquid grouting process）

五、水平旋喷超前加固（Horizontal Rotary Jet Grouting for Advanced Reinforcement）

旋喷注浆法（rotary jet grouting）是近十年来发展起来的一种地层加固新技术。它具有加固体强度高、加固质量均匀、加固体形状可以控制的特点，已经成为国内工程界普遍接受的、多用的、高效的地层加固方法。它是利用工程钻机（engineering driller），将旋喷注浆管置于预计的地展加固深度，在钻杆旋转退出时，将配制好的浆液，用一定的压力，从喷嘴中喷出，冲入地层，把土和浆液搅拌成混合体，随后凝聚固结，形成一种新的有一定强度的水泥土。这种地层加固方法，我们称之为旋转喷射注浆法，简称旋喷法。

在施工控制效果上，水平旋喷超前支护的作用主要表现为以下几个方面：

1. 预防塌方（Preventing Landslide）

由于水平旋喷固结体的作用，减小了工作面上覆的土压力，稳定了围岩，从而避免了土体塌方，即便有一定程度沉降的产生，也不会发生灾难性（catastrophic）事故。

2. 阻断沉降（Blocking Subsidence）

水平旋喷固结体的超前预支护作用，可有效抑制地面和拱顶沉降。

3. 均匀沉降曲线（Settlement Curve）

由于水平旋喷固结体的承托作用，使得沉降槽沉降集中的程度大幅度减小，沉降总量在减小的同时有向两端均匀分布的趋势。

4. 提高稳定性（Improve Stability）

提高土层物理参数，增大地层自稳能力。

六、地表锚喷加固 (Surface Anchoring and Spraying Reinforcement)

在浅埋洞口地段，由于覆盖层较薄，可能会形成边挖边塌的局面，使得进洞困难；在偏压洞口段，往往一侧边坡开挖过高，形成不稳定边坡，危及施工和运营。在这样的情况下，采用地表锚喷加固是比较合适的。

通过对地表的预加固，可以使进洞顺利，也可以为改变坡率创造条件，使得较高一侧的边坡降低开挖高度。地表锚喷加固目的是稳定边仰坡，主要适用于覆盖层薄或高大边仰坡。

1. 地表锚喷预加固类型 (Type of Surface Prereinforcement with shotcrete and Anchor Bolt)

（1）洞边仰坡锚喷加固

隧道洞口边仰坡锚喷加固如图 8-10 所示。

图 8-10 地表锚喷（surface reinforcement with shotcrete and anchor Bolt）

（2）洞口上方陡坎加固（steep ridge above the entrance reinforcement）

隧道洞口上方陡坎加固示意如图 8-11 所示。

2. 锚杆加固范围 (Reinforcement Range of Anchor Bolt)

（1）经验方法：加固宽度 $B \geqslant (1 \sim 2)b$，b 为开挖宽度；加固长度为浅埋段长度。

（2）破裂面估算法：用浅埋隧道（shallow-buried tunnel）围岩压力计算方法（见第 6 章）计算破裂角 β。

3. 地表锚喷加固经验参数

（1）喷层厚：5～10cm。

（2）锚杆直径 16～22cm，长度 3～6m，间距 1～2m。

（3）钢筋网用 $\phi 3$ 钢筋，直径 6～8mm，编扎成 40cm×40cm 的网格，焊接于锚杆地表出露端。

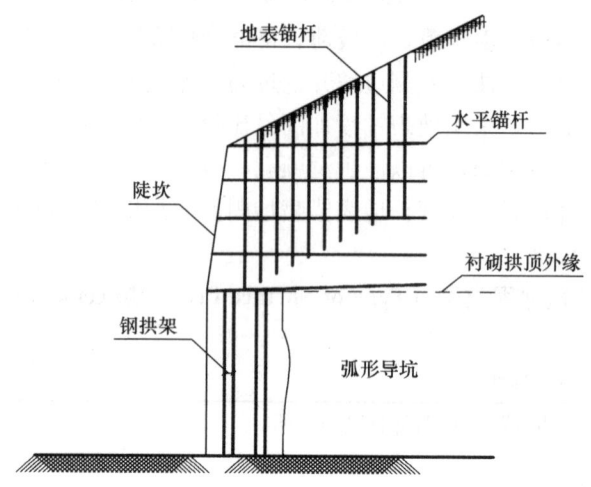

图 8-11 洞口上方陡坎加固 (steep ridge above the entrance reinforcement)

(4) 在洞门一定范围内，宜尽量将地表锚杆插入拱部衬砌中。

第三节　隧道施工监控量测
(Tunnel Construction Monitoring and Measurement)

一、监控量测的目的 (purpose)

(1) 为设计和修正支护结构形式、参数提供依据；

(2) 正确选择开挖方法和支护施作时间；

(3) 为隧道施工和长期使用提供安全信息；

(4) 是研究新奥法（NATM，new austrian tunneling method）力学机理 (mechanical mechanism) 和设计理论 (design theory) 的重要途径。

二、监控量测的内容与方法 (contents and methods)

1. 基本要求 (Basic Requirements)

(1) 尽快埋设测点；

(2) 进行一次量测的时间宜尽量短；

(3) 传感元件要有较好的防震、防冲击波的能力，且能长期有效；

(4) 测设的数据要求直观、正确、可靠；

(5) 测试仪器要有足够的精度。

2. 量测内容和方法 (Contents and Methods for Measurement)

(1) 工程地质与支护状况的观察；

(2) 隧道地表沉降（ground surface settlement）观测，如图 8-12 所示。

第八章　隧道辅助施工措施与技术
Tunnel Auxiliary Construction Measures and Technology

图 8-12　地表沉降观测（ground surface settlement measurement）

3. 隧道净空收敛量测（Convergence Measurement of Tunnel Clearance）
隧道净空收敛量测现场工作如图 8-13 所示。

4. 拱顶下沉量测（Measurement of Tunnel Crown Settlement）
隧道拱顶沉降量测现场工作如图 8-13 所示。

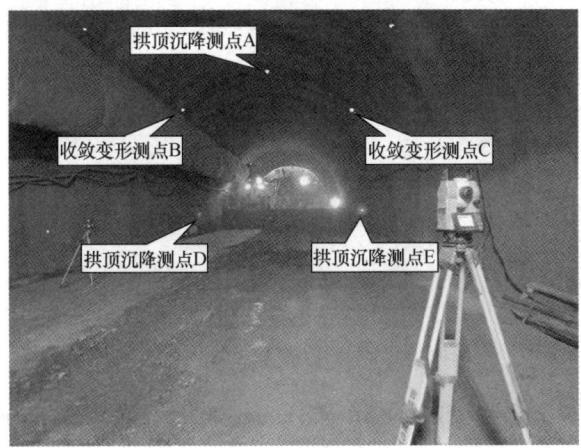

图 8-13　隧道净空收敛量测（tunnel clearance convergence measurement）

5. 围岩内部位移量测（Measurement of Internal Displacement of Surrounding Rock）
围岩内部相对位移的测孔，一般与周边位移测线相应布置，以便使两项测试结果能够互相验证，协同分析和应用。

6. 钢支撑应力量测（Stress Measurement Steel Arch Frame）
隧道钢支撑应力量测现场测点埋设如图 8-14 所示。

图 8-14　钢支撑应力量测（stress measurement for steel arch frame）

7. 喷层应力量测（Stress Measurement of Shotcrete）

隧道喷层应力量测现场测点埋设如图 8-15 所示。

图 8-15　喷层应力量测（spray layer stress measurement）

8. 二次衬砌应力量测（Stress Measurement of Secondary Lining）

隧道二次衬砌应力量测点分布布设示意如图 8-16 所示。

三、监控量测频率（Monitoring and Measurement Frequency）

开挖地质条件（geological conditions）：变差或测量值出现异常应加大测量频率；反之减少。下雨或其他特殊情况加大测量频率。

四、监控量测数据分析处理

1. 监控量测数据的处理与分析（data processing and analysis）

通过对隧道监控量测数据分析，可以及早发现隧道内部及外部环境中可能存在的不稳定性，减少外部环境对隧道的影响，提高隧道施工的安全性，避免发生

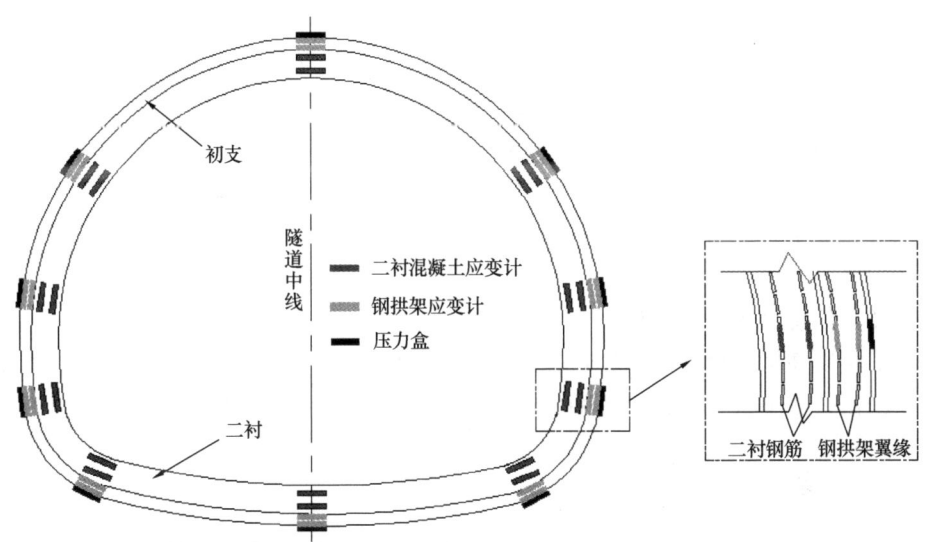

图 8-16 二次衬砌应力量测（secondary lining stress measurement）

塌方等事故。同时，也可以通过量测数据对结果进行全面分析，可以及时地对隧道的支护结构设计作出修改和调整，实现动态化施工。

2. 围岩稳定性判据（Stability Criterion of Surrounding Rock）

如果位移时态曲线始终保持 $\dfrac{d^2u}{dt^2} \geqslant 0$，说明位移速率不断下降，如图 8-17(a) 所示，这是稳定的标志。

当位移-时间曲线出现反弯点（point of inflection），也即位移出现反常的急剧增长现象时 $\left(\dfrac{d^2u}{dt^2} \geqslant 0\right)$，如图 8-17(b) 所示，表明围岩和支护已呈不稳定状态或危险状态，应加密频率监视，并适当加强支护，必要时应立即停止开挖并进行施工处理。

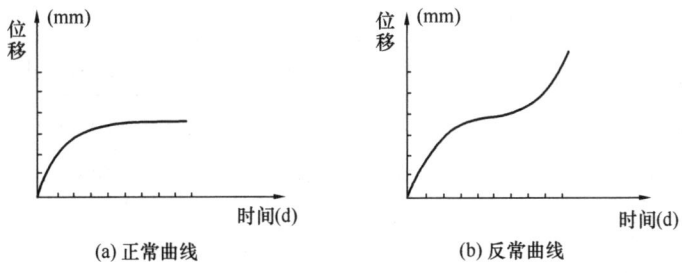

图 8-17 围岩收敛变形时程曲线

(time history curve of convergence deformation of surrounding rock)

3. 量测数据的反馈（Feedback on Measurement Data）

信息反馈（information feedback）的目的，就是进行施工管理和调整支护设计，以确保施工的安全性和设计的经济性。

（1）施工管理（construction management）。

量测的动态管理分为"量"和"质"两个方面，凡可以用数字大小表述的量测项目，归结为"量"的管理，如周边位移、拱顶下沉（crown settlement）、锚杆轴力等。

（2）信息反馈修正设计。

信息反馈修正设计的内容：施工方法变更的建议，施工工序的更改，预留变形量的修改或确认，设计参数的修改或确认，采用辅助施工措施的建议。

（3）反分析计算（back analysis calculation）。

专业词汇汉英对照（Glossary）

专业词汇	拼音	英文
超前地质预报	chāoqián dìzhì yùbào	advanced geological forecast
地质素描	dìzhì sùmiáo	geological sketch
长距离超前物探	chángjùlí chāoqián wùtàn	long distance advanced geophysical prospecting
地质雷达探测	dìzhì léidá tàncè	ground penetrating radar
超前锚杆	chāoqián máogǎn	advance rock bolt
超前小导管	chāoqián xiǎodǎoguǎn	forepoling
管棚	guǎnpéng	pipe roof
预注浆	yùzhùjiāng	pre-grouting
监控量测	jiānkòng liángcè	monitoring and measurement
新奥法	xīn'àofǎ	new austrian tunneling method
地表沉降	dìbiǎo chénjiàng	ground surface settlement
基本要求	jīběn yāoqiú	basic requirements
施工管理	shīgōng guǎnlǐ	construction management
拱顶下沉	gǒngdǐng xiàchén	crown settlement

续表

专业词汇	拼音	英文
反弯点	fǎnwāndiǎn	point of inflection
岩芯	yánxīn	rock core
钢筋笼	gāngjīnlóng	reinforcement cage

思考题（Questions）

（1）超前地质预报的目的和方法是什么？

（2）什么是辅助施工措施？具体有哪些？哪些属于预加固？哪些属于预支护？

（3）监控量测的目的是什么？

（4）监控量测的具体内容有哪些？

拓展阅读（Extensive Reading）

（1）隧道的超前地质预报技术

隧洞工程超前地质预测是运用地质勘探方法对掌子面前方的地质现象和不良地质体的特征等情况进行监测、研究和预报，预测可能发生的情况，并及时采取安全措施，以便实现隧洞工程建设防灾、减灾的目的。隧道施工运用钻爆法和TBM技术，根据探测条件差异，进行超前的地质预报，"因地制宜"，并加以改进，形成许多新的技术方案。

① 矿山法施工隧道的超前地质预报技术。目前，钻爆法施工隧道的超前地质预报技术已研发出多种技术方法，总体上可归纳为地质分析法类和物探法类。地质分析法类主要为洞内地质素描法、超前钻探类、超前导坑、探洞。物探法类主要包括地震波反射类（TSP、TGP、HSP、TRT、TGS、陆地声纳法）、电磁法类（地质雷达法、瞬变电磁法）、电法类（直流电法、激发极化法）及其他方法（红外探测法、核磁共振测深法等）。

② 关于TBM项目实施的超前地质预报问题。随着我国TBM/盾构技术的迅速发展，中国国内的研究者对于应用于TBM的超前型地质预报技术方法也已取得了部分发展，通常可以总结为地震反射法和激发极化法。中铁西南院已经研制出了一个主要应用于TBM的HSP法地质预报方案，该技术主要是利用刀盘和滚刃等对破碎岩体所产生的地震反射作为探测震源，实现了

对前方不良地质体所进行的预测预报。在光激发和极化研究领域，由德国企业开发的 BEAM 技术已经完成了探测仪器、传感器与 TBM 仪器间的整合和集成，从而能够进行全自动测量，虽然质量较好，但在定位精度、测量距离、分辨率等领域，仍存在着不少问题。综上所述，尽管现阶段的超前地质预报技术手段对岩性变化和活断层构造的监视预警功能比较好，但对含水构造变化的精确监控以及含水体水量定量监控的技术手段仍相当不健全。在未来的重大科技基础工作中，还必须在对含水构造体的三维化精确监测和流水量数字化监测及预警技术领域开展科技突破与探索，并建立一种可以针对各种特征的地质异常体三维化、精确化、定量化监测的超前式地质预警技术。运用于 TBM 法施工隧道中的超前地质预报技术数量不仅相对较少，而且因为复杂的电磁条件、机械影响因子以及相对受限的勘探距离，致使运用于 TBM 法施工隧洞的超前地质预报技术监测精度与效果均不理想，更难以实现对前方岩体的实时化、动态化、精细化、定量化的监测。在未来的科技发展过程中，实现超前地质预测仪器和 TBM 设备整合、检测智能化将成为一个主导方向，而实现实时动态预测、三维精确监测、快速定量预测将成为当前重点的科技研发目标。

（2）隧道监控与探测

鉴于当前中国隧道内的健康数据获取手段仍然以人工远抵近接触式探测技术为主，而新型的检测技术和仪器覆盖面也较少，因此在检测效率、精度与基础设施精准治理领域仍尚存一定差距。尽管中国近年来的快速检测技术已经获得了很大的突破，并出现了不少适用于各种类型病害检测的新型仪器设备，如数位成像、地质雷达技术、微震监测技术等在复杂构造病害检测方面的新应用技术；但断层动力学、分形理论、层次分析法等新理论、新技术，也在隧道内更安全的监测技术方面进行了尝试。目前，我国隧道监控和检测关键技术方面存在的主要问题有：相关技术标准尚不完善，对监测/检测数据尤其是无损检测的理解、判识仍缺乏统一标准；隧道仰拱检验还没有比较精准有效的技术方法；隧道检测点还以衬砌表观情况检测为主，且对检测结果的自动识别率低。所以，当前隧道监测和检测方面的重点研究任务还包括系统化的监测仪器、隧道内部状态非接触式检测的高效无损检测、隧道复合形态快速精确测量、原位与地面移动状态的高精度检测、安全监测资料快速智能识别和多源检测数据信息化的大数据处理系统。

第九章

隧道施工辅助作业技术
Auxiliary Operation in Tunnel Construction

对于长大隧道，通常多采取开挖辅助坑道、增辟作业面的方法，以加快施工速度，满足工期要求。隧道施工中，钻爆（drilling and blasting）、出渣（mucking）、支护（supporting）、衬砌（lining）等称为基本作业（basic operation）。为基本作业提供必要的施工条件，并直接为基本作业服务的作业，称为辅助作业（auxiliary operation），如供水（water supply）、供电（power supply）、供气（air supply）、通风（ventilation）等。

第一节 隧道施工辅助坑道（Auxiliary Adit for Tunnel Construction）

辅助坑道的作用包括：增加作业面，以加快施工速度，缩短工期；改善施工条件、减少施工干扰；有利于合理布置施工中的管路、线路。

辅助坑道的形式有：横洞（cross passage）、平行导洞（parallel heading adit）、斜井（inclined shaft）和竖井（shaft）。

一、横洞（Cross Passage）

在隧道侧面修筑的与之相交的坑道称为横洞，如图 9-1 所示。当隧道傍山沿河、侧向覆盖层较薄时，就可以考虑设置横洞。

横洞的连接形式可分为双联式（dual-link style）或单联式（single-link style），分别如图 9-2（a）和图 9-2（b）所示。

横洞的优点为：施工简单；不需要特殊的机具设备；出渣运输方便；造价比较低廉。选用横洞方案，必须有合适的地形条件。

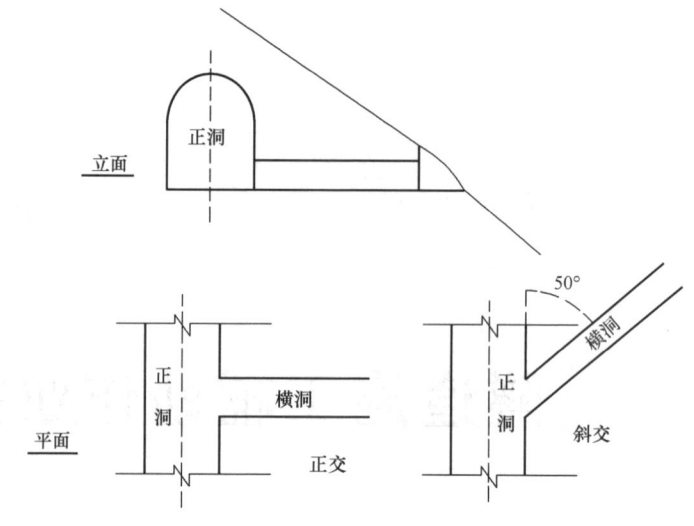

图 9-1 横洞图（cross passage）

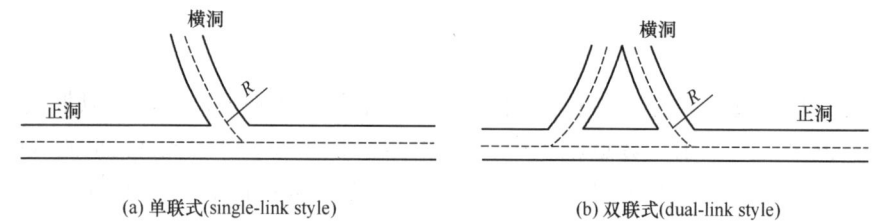

(a) 单联式(single-link style)　　　(b) 双联式(dual-link style)

图 9-2 横洞的连接形式（connection form of cross passage）

二、平行导洞（Parallel Heading Adit）

平行导洞是修建在隧道一侧与隧道走向平行、掘进面总是超前于隧道正洞开挖作业面的导坑，如图 9-3 所示。平行导洞的造价占隧道工程造价的 15%～25%。

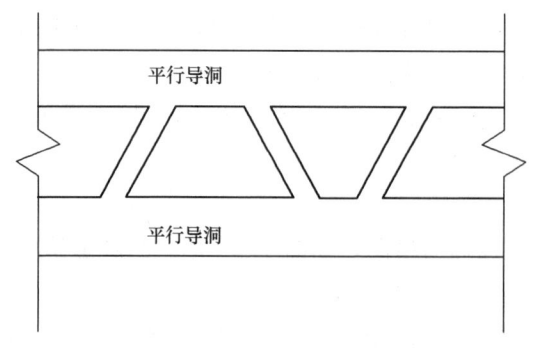

图 9-3 平行导洞（parallel heading adit）

平行导洞的优点为：增加正洞施工作业面；提前探明地质情况，为正洞施工提供可靠地质资料；布置"三管两路"，减少正洞施工干扰；排水；布置测量导线网；同正洞组成巷道式通风系统（wind gallery type ventilation system）。

三、斜井（Inclined Shaft）

斜井是从隧道侧上方以倾斜井筒通向隧道正洞的辅助坑道，如图 9-4 所示。斜井适用于长度在 1000m 以上，埋深较浅或隧道中线斜上方有纵横沟谷低凹地形，可做弃渣场地的隧道。

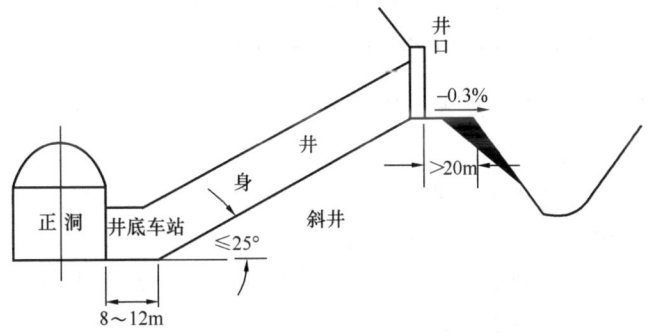

图 9-4　斜井（inclined shaft）

四、竖井（Shaft）

当隧道较长而某些地段埋置较浅时，可采用竖井来增辟工作面，如图 9-5 所示。

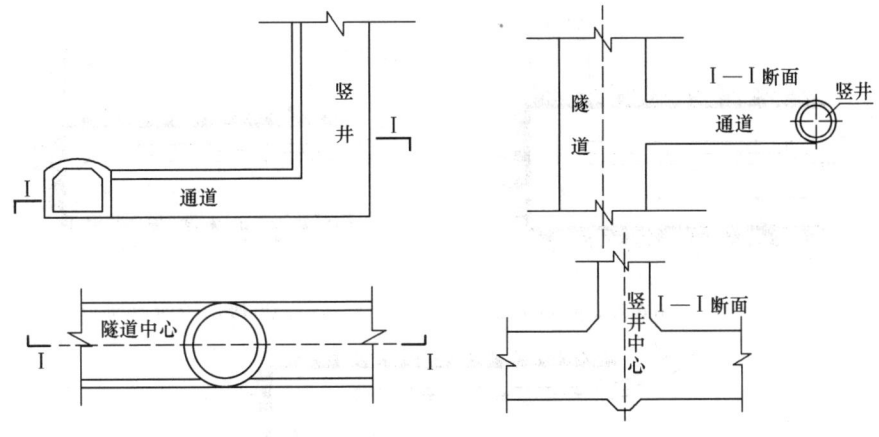

图 9-5　竖井（shaft）

1. 竖井的布置原则

竖井位置以设在隧道中心线一侧为宜；竖井中心与隧道中心之间的距离一般为 15～20m。

2. 竖井的提升系统（Lifting System for Shafts）

竖井的提升系统为凿井井架。根据井筒直径与井筒深度，凿井井架选用 V 形改装井架。井架主要技术参数如下：

(1) 主体架角柱跨距：18m×18m；
(2) 天轮平台尺寸：8.5m×8.5m；
(3) 由基础顶面至天轮平台上面的高度：28m。

第二节　隧道施工通风与防尘
(Ventilation and Dust-proof in Tunnel Construction)

一、通风防尘目的与要求（Purpose and Provisions of Construction Ventilation）

通风防尘目的与要求为：冲淡和更换有害气体；保证新鲜空气的供给，洞内空气应流通、新鲜，氧气含量不得少于20%；降低粉尘浓度，粉尘是隧道空气污染的重要因素，其中的游离SiO_2对人体危害很大，施工人员长期吸入岩粉，将会患硅肺病；降低洞内温度。

二、施工通风方式（Construction Ventilation Type）

1. 风管式通风（Air-duct Ventilation）

风管式通风是用软管作风道，可分为压入式（pressurized type）、抽出式（extraction type）和混合式（mixed type）三种类型，如图9-6所示。

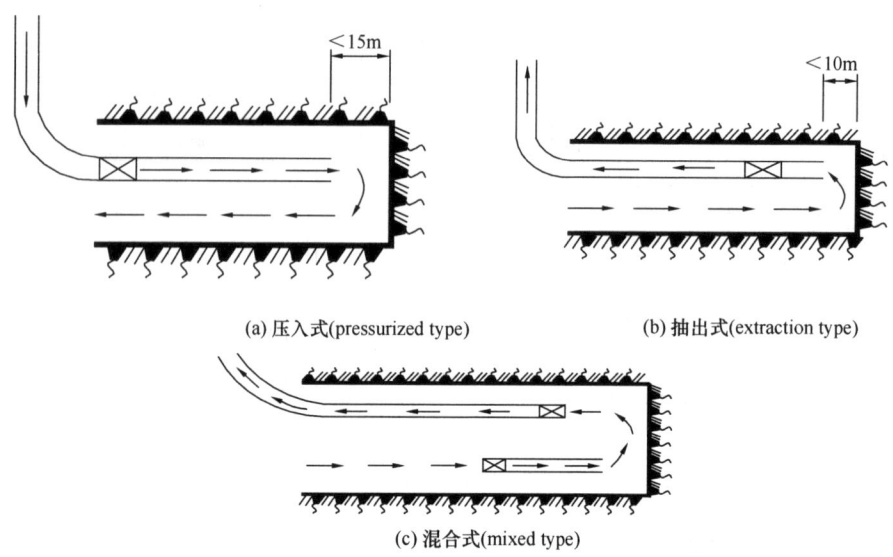

图9-6　风管式通风方式类型（types of air-duct ventilation）

2. 巷道式通风（Roadway Type Ventilation）

巷道式通风适用于有平行导坑的长隧道。

3. 风道式通风（Airway Ventilation）

这种通风方式是利用隧道成洞部分空间，用砖砌或木板隔出一条风道，代替大直径风管，以缩短风管长度而又能增大供风量，满足通风要求。

三、通风设计 (Ventilation Design)

1. 通风量计算 (Air Volume Calculation)

(1) 作业面所需的风量 Q，应按以下因素综合考虑。

按洞内同时工作的最高人数计算，见公式（9-1）。

$$Q = 3mk \tag{9-1}$$

式中　m——洞内同时工作最高人数；

　　　k——风量备用系数，采用 $1.1 \sim 1.25$。

其中，3 表示每人每分钟所需新鲜空气量（m^3）。

(2) 按冲淡因爆破产生的有害气体所需空气量计算，见公式（9-2）。

炸药爆炸后产生的有害气体，因 CO 的化学性质比较稳定，对人体危害性大，故在通风计算时以 CO 为衡量标准，将其他有害气体都折算为 CO 的体积再进行计算，一般每 1kg 炸药爆破后产生的有害气体的体积相当于 40L CO。根据爆破后稀释 CO 至允许最高浓度的风量计算见公式（9-2）。

$$Q = \frac{5Ab}{t} \tag{9-2}$$

式中　A——同时爆破的炸药量（kg）；

　　　b——每 1kg 炸药爆炸所折合的 CO 体积（m^3）；

　　　t——通风时间（min）。

按有关的安全生产规程规定，尚应满足每 1kg 炸药供给风量不得小于 $25m^3/min$。

(3) 按冲淡内燃机产生的有害气体所需空气量依据单位功率所需风量指标按公式（9-3）计算。

$$Q = Q_0 N \tag{9-3}$$

式中　Q_0——单位功率的所需风量指标，建议采用 $3.8 \sim 4.0\ [m^3/(min \cdot kW)]$；

　　　N——各种内燃机设备按使用时间比例的总功率（kW）。

(4) 按最小风速验算风量，见公式（9-4）。

$$Q \geqslant V_{min} \cdot S_{max} \tag{9-4}$$

式中　V_{min}——保证洞内稳定风流之最小风速，全断面开挖时为 $0.15m/s$，导坑开挖时为 $0.25m/s$；

　　　S_{max}——开挖最大断面积（m^2）。

按上述四种情况计算后，取其中最大者为计算风量。要求通风机提供的风量按公式（9-5）计算。

$$Q_{机} = P \cdot Q_{max} \tag{9-5}$$

式中　Q_{max}——计算所需风量（m^3）；

　　　P——管道漏风系数。

P 值与风管直径、总长、接头质量、风压、风管材料等因素有关，是个大于

1 的数，可在有关的设计手册中查用。

2. 风压计算（Wind Pressure Calculation）

为保证将所需风量送达工作面，并在出风口仍保持一定风速，要求通风机的风压足以克服沿途所有的阻力。风机应具备的风压按公式（9-6）计算。

$$h_{机} \geqslant \Sigma h_{摩} + \Sigma h_{局} + \Sigma h_{正} \tag{9-6}$$

式中　$h_{摩}$——沿程摩擦力（Pa）；

　　　$h_{局}$——风道局部摩擦力（Pa）；

　　　$h_{正}$——风流遇到的正面阻力（Pa）。

3. 风机选择（Fan Selection）

根据所算得的风量 $Q_{机}$ 和风压 $h_{机}$，即可结合通风机设备技术性能参数选用合适的通风机型号。

通风机有轴流式（axial flow type）和离心式（centrifugal type）两种，在隧道施工通风中主要使用轴流式通风机。它具有风量大、效率高、结构紧凑、总量轻等优点。

通风机应有备用数量，一般为计算能力的 50%。

四、防尘（Dust-proof）

1. 防尘的必要性（Necessity of Dust-proof）

在隧道施工中，凿岩、爆破、装渣、喷射混凝土（shotcrete）等作业都有粉尘产生，其中以凿岩和喷射混凝土产生的粉尘最多。必须采取多种措施，把粉尘浓度降到 2mg/m³ 以下的标准。

2. 主要的防尘措施（Main Measures of Dust-proof）

（1）湿式凿岩（wet rock drilling）；

（2）水封爆破（water sealing blasting）；

（3）装渣洒水喷雾（sprinkler spray for mucking truck）；

（4）喷雾捕尘（water spray for dust catching）；

（5）机械通风（mechanical ventilation）；

（6）喷雾洒水（water spraying）；

（7）个人防护〔personal protection（breathing musk）〕。戴防尘口罩可有效地防止粉尘吸入人体内，应持之以恒。

第三节　隧道施工供排水（Construction Water Supply and Drainage Method）

一、施工供水（Construction Water Supply）

1. 用水量估计（Estimated Water Consumption）

施工用水量应根据工程情况、机械用水量、施工进度、施工人员人数、气候等确定。

2. 供水方式（Water Supply Method）

施工供水来源常用的有山上自流水或泉水、河水、钻井取水。由上述水源自流引导或用水泵提升至蓄水池存储，并通过管路送达使用地点。

3. 供水设备配置（Water Supply Equipment Configuration）

（1）蓄水池（storage pool）

水池位置应选择在基底坚固的山上，并避开隧道洞顶，以防止水池下沉开裂和漏水渗入隧道，造成山体滑动或洞内塌方。水池与工作面的高差，以达到开挖面的水压不小于0.3MPa为准，高差按公式（9-7）计算。

$$H \geqslant 1.2(30 + h_{损}) \tag{9-7}$$

式中　1.2——水压储备系数；

　　　$h_{损}$——管路的全部水头损失（Pa），按公式（9-8）计算。

$$h_{损} = \Sigma h_{摩} + \Sigma h_{局} \tag{9-8}$$

式中　$h_{摩}$——管路摩擦损失（Pa）；

　　　$h_{局}$——管路局部损失（Pa）。

（2）水池容积的确定（determination of pool volume）

水池容积可按两种情况确定：

若利用高山自流水供水，水源流量大于用水高峰耗水量时，则水池容积约为20~30m³；

若水源流量小于耗水量时，则需根据每台班最大耗水量，并考虑必要贮备，计算水池容积见式（9-9）。

$$V = 24a \cdot C \cdot (Q_c + Q_s) \tag{9-9}$$

式中　V——水池容积（m³）；

　　　a——调节系数，一般用1.1~1.2；

　　　C——贮水系数，昼夜用水量小于1000m³时，采用1/4~1/6；昼夜用水量在1000~2000m³时，用1/6~1/8；

　　　Q_c——生产用水量（m³/h）；

　　　Q_s——生活用水量（m³/h）。

当然，水池的容量应有一定的储备量，保证洞内外集中用水高峰的需要。应充分利用洞内地下水源，通过高压水箱送到工作面（采用机械站供水时，应有备用的抽水机具）。

（3）水泵（pump）

水泵的扬程按公式（9-10）计算。

$$H = h' + ah_{损} \tag{9-10}$$

式中　h'——水池和水源之间的高差（m）；

　　　a——水头损失系数，$a = 1.05$~1.10。

根据扬程 H 和钢管内径 d 可选择合适的水泵。常用水泵种类有：单级悬臂式离心水泵（single stage cantilever centrifugal pump）、分段式多级离心水泵（segmented multistage centrifugal pump），其规格和性能可查阅有关施工技术手册。

（4）泵水房（站）[pump water room (station)]。

（5）供水管道（water supply pipeline）

主管直径一般用 75～150mm，支管直径用 50mm。

二、施工防排水（Construction Waterproofing and Drainage）

施工防排水工作包括洞内、洞外两部分。

1. 洞外防排水（Waterproof and Drainage outside Tunnel）

其主要是做好洞口的防洪和排水设施，以免雨季到来时山洪或地面水流入洞口，对于斜井、竖井应多加注意；其次是将地表上与地下水有直接补给关系的洼地或泄水缝用黏土回填密实，必要时施作截水沟截流引排。

2. 洞内排水（Water Drainage inside Tunnel）

其排水方式根据线路坡度情况可分为两种：上坡进洞施工的排水，下坡进洞施工的排水。

第四节　隧道施工供电与照明
（Power Supply and Lighting in Tunnel Construction）

一、施工供电（Power Supply for Tunnel Construction）

1. 隧道施工总用电量估算（Estimation of Total Electricity Consumption in Tunnel Construction）

估算隧道施工总用电量的目的是通过估算用电量选用合适的发电机、变压器、各类配电开关设备和线路导线。估算的内容包括：施工现场动力和照明总用电量；单独考虑动力用电量。

2. 隧道施工供电方式（Power Supply Mode of Tunnel Construction）

隧道施工供电方式有自设发电站供电和采用地方现有电网供电两种。

3. 供电线路布置和安装的技术要求（Technical Requirements for the Arrangement and Installation of Power Supply Lines）

隧道供电电压，一般是三相四线（three-phase four-wire）400/230V。动力机械电压标准是 380V，成洞地段照明用 220V，工作地段照明用 24～36V。

二、施工照明（Construction Lighting）

1. 高压钠灯（High Pressure Sodium Lamps）

其发光效率（luminous efficiency）为 80～120lm/W，透雾性能（fog permeability）强，没有眩光（glare）。尽管洞内放炮后烟雾弥漫，灯下作业面仍清晰可见。能经受爆破冲击波的振动。该灯诱虫少，寿命长（达 2000～5000h）。这是一种洞内施工时较理想的照明电源。

2. 低压卤钨灯（Low Pressure Halogen Tungsten Lamp）

此种灯的发光效率为 20～30lm/W，通常使用的卤钨灯有两种规格：一种是 36V300W，另一种是 36V500W。卤钨灯寿命大于 500h，亮度等于白炽灯的三倍，适于开挖面、工作面照明。

3. 钠铊铟灯（LED Lamps）

钠铊铟灯是新型气体放电灯，发光效率较高，为 60～80lm/W，光色好，适于大面积照明用，灯泡寿命 1000～2000h。其缺点是洞内使用时透烟雾性能差，悬挂高度在 15m 以下时，有眩光。

4. 镝灯（Pick Lamps）

镝灯是一种高强度气体放电灯，发光效率在 70lm/W 以上。显色性能好，光色洁白，清晰宜人。寿命大于 500h，较其他几种新光源低。用于洞外场地照明较合适。

专业词汇汉英对照（Glossary）

专业词汇	拼音	英文
横洞	héngdòng	cross passage
平行导洞	píngxíng dǎodòng	parallel heading adit
斜井	xiéjǐng	inclined shaft
竖井	shùjǐng	shaft
风管式通风	fēngguǎnshì tōngfēng	air-duct ventilation
防尘	fángchén	dust-proof
湿式凿岩	shīshì záoyán	wet rock drilling
水封爆破	shuǐfēng bàopò	water sealing blasting
装渣洒水喷雾	zhuāngzhā sǎshuǐ pēnwù	sprinkler spray for mucking truck
喷雾捕尘	pēnwù bǔchén	water spray for dust catching
机械通风	jīxiè tōngfēng	mechanical ventilation
施工供水	shīgōng gòngshuǐ	construction water supply

续表

专业词汇	拼音	英文
高压钠灯	gāoyā nàdēng	high pressure sodium lamps
低压卤钨灯	dīyā lǔwūdēng	low pressure halogen tungsten lamp
钠铊铟灯	nàtāyīndēng	LED lamps
施工供电	shīgōng gòngdiàn	power supply for tunnel construction
施工照明	shīgōng zhàomíng	construction lighting
巷道式通风	hàngdàoshì tōngfēng	roadway type ventilation
风道式通风	fēngdàoshì tōngfēng	airway ventilation
用水量估计	yòngshuǐliàng gūjì	estimated water consumption
蓄水池	xùshuǐchí	storage pool
风压计算	fēngyā jìsuàn	wind pressure calculation
风机选择	fēngjī xuǎnzé	fan selection

思考题（Questions）

（1）空压机站设备有哪些？施工对风压有何要求？
（2）隧道排水方式有哪几种？在施工组织时优先考虑哪种排水方式？
（3）隧道掌子面对电压有何要求？

拓展阅读（Extensive Reading）

（1）辅助坑道

目前，为加快施工速度铁路长隧道一般采用增加辅助坑道的方式，如位于青海省境内全长 32.645km 的关角隧道，就设置了 10 座斜井，外加局部平行导坑。对于公路隧道，主要在部分长度超过 10km 的超长隧道中设置通风井或专门施工通道等，以增加施工作业面，如位于陕西省境内全长 18.02km 的秦岭终南山隧道，通过铁路平行导坑进行辅助施工，从而实现 33 个月快速贯通。若未设置辅助坑道，如位于四川省境内的二郎山隧道，虽有通风斜井，但未利用其辅助主洞施工，隧道从两端掘进，斜井从主洞反井施工，开挖总工期长达 60 个月，且造价波动大。因此，是否利用辅助坑道施工，对于超长隧道的工期和造价有较大影响。

当隧道的独头掘进距离超过 5km 或隧道长度在 10km 以上时，便有利用辅助坑道辅助施工的必要。在选择辅助施工坑道时，若隧道设置有运营通风井，应优先使用其作为施工辅助坑道；此外，应优先选用无轨斜井、平行导坑或横洞，竖井（有轨斜井）辅助施工造价高，提升能力有限，效率低，应慎重采用。辅助施工坑道应充分考虑弃渣和便道条件，尤其是选择弃渣场的合理性和修建便道的时间。当斜井地层富水时，是否需要辅助施工应根据预测正常涌水量和斜井规模等来综合评判，辅助坑道若逆坡施工，应根据预测最大涌水量计算并配备适当的排水设备；当地层富水且主洞施工无需辅助时，斜井应滞后主洞施工，通过斜井下方主洞超前疏干斜井地下水后，再进行斜井施工，可采用正打或反打的施工方式。

(2) 矿山法施工隧道粉尘控制技术

长期以来，矿山法施工时，隧道内的高浓度粉尘影响着隧道的高效快速施工与施工人员的健康，因此粉尘控制十分必要。粉尘控制技术按照原理的不同与粉尘产生扩散过程，可分为以下五类："减""降""排""除""阻"。

① 减尘技术。减尘技术是通过减少或者抑制粉尘源头以减少粉尘产生的方法。减尘技术一方面是通过优化施工作业过程，另一方面是通过在粉尘源头布设控尘技术，以减少粉尘的逸出扩散量。减尘技术主要包括湿式钻孔、水封爆破和湿喷混凝土等。

② 降尘技术。降尘技术是通过降低悬浮于空气中的粉尘的扩散能力以及已沉降至围岩路基表面的粉尘的扬起能力，并使粉尘快速沉降的方法。降尘技术依据的主要是水雾的黏聚湿润能力，主要包括喷雾降尘、水幕降尘、泡沫降尘和磁化水除尘等。

③ 排尘技术。排尘技术是通过通风机械稀释和排出粉尘，为隧道抽出污浊空气或提供新鲜空气的方法。通风方式可以分为 3 类：管道通风、巷道通风和风舱通风。其中，管道通风又可以分为 3 种：送风式（压入式）、排出式（抽出式）和混合式。

④ 除尘技术。除尘技术是通过除尘设备与方法将隧道内弥散的粉尘吸纳并携带排出隧道的方法。除尘技术按照吸纳方式可以分为两种：过滤除尘与超声波除尘。

⑤ 阻尘技术。阻尘技术也称为粉尘个人防护技术，是通过佩戴各类防尘护具以阻碍粉尘进入人体的方法。目前，主要的防尘护具包括防尘口罩、防尘面罩与防尘眼镜等。

第 十 章

运营隧道的养护与维修技术
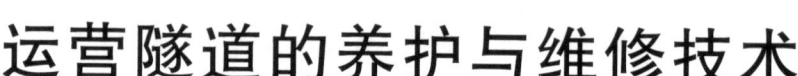

第一节 隧道结构常见病害（Common Diseases of Tunnel Structure）

一、隧道渗漏（Tunnel Leakage）

隧道在施工期间和建成后一直受地下水的影响，特别是建成后的隧道更处于地下水的包围之中。当地下水压力较大时，如防水工程的质量不好，地下水就会渗入隧道内部，如图 10-1 和图 10-2 所示。渗漏水会促使混凝土衬砌的风化（weathering）、剥蚀（denudation），造成衬砌结构的破坏，还会加快内部设施（通信、照明等设施）锈蚀（rusting），影响设备的正常使用，从而对衬砌（lining）结构稳定造成威胁，甚至影响行车安全。

图 10-1 渗水（seepage）

第十章 运营隧道的养护与维修技术
Maintenance and Repair Technology for Operating Tunnel

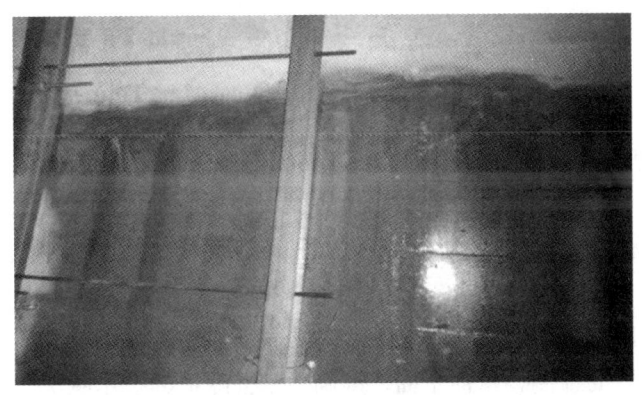

图 10-2 淌水（flow）

二、衬砌开裂（Lining Cracking）

作用在隧道衬砌结构上的压力与隧道围岩的性质、地应力（ground stress）的大小及施工方法等因素有关。受到资金和技术条件的限制，一些因素在设计前是很难确定的，所以在隧道衬砌结构设计中常常有一定的盲目性。比如隧道因围岩级别划分不准、衬砌类型选择不当，导致衬砌结构与围岩实际荷载不相适应，继而导致结构强度不够，与围岩压力不协调，最终造成衬砌结构开裂破坏。另一方面，衬砌厚度不够、混凝土强度不够、沉降（settlement）不均也往往会造成衬砌开裂。

三、衬砌腐蚀（Lining Corrosion）

隧道经过地层的地下水中存在腐蚀性物质，水的作用会对支护结构造成腐蚀。其主要分为物理性侵蚀（erosion）和化学性侵蚀（corrosion）两类。

四、隧道冻害（Tunnel Frost Damage）

隧道冻害指因隧道内水流和围岩积水冻结，引起的隧道拱部挂冰、边墙结冰、围岩冻胀（freezing-induced swelling）、衬砌胀裂等影响到安全运营和构筑物正常使用的各种病害。

五、路面损毁（Pavement Damage）

路面损毁指由汽车荷载特别是重载（heavy haul）作用造成的隧道内路面拱起、坑洞、沉陷、错台（faulting of slab ends）、开裂、溜滑等。

六、通风、照明不良（Insufficient Ventilation and Lighting）

当前，国内相当数量的公路隧道尤其是中长隧道，由于经济的原因通风设施一般不开启，通风不足会造成车辆排放尾气中的有害气体（harmful gas）浓度超限，造成洞内空气污浊。洞内照明设备欠缺会形成昏暗环境，威胁行车安全。

第二节 运营隧道检测技术
(Detection Technology for Operating Tunnel)

一、运营隧道检内容（Detection Content for Operating Tunnel）

隧道的土建结构检测分为外观检查（appearance inspection）和专项检测（special inspection）。外观检查是对土建结构的基本技术状况进行全面检查，初步掌握土建结构的病害程度和范围，为制定专项检测和养护工作计划提供依据。专项检测是在隧道外观检查的基础上，对一些重点病害采用专门技术和检测设备进行深入而细致的检测，从而全面、准确地掌握隧道的技术状况，为隧道质量的评定及后期养护提供可靠的依据。

1. 外观检查（Appearance Inspection）

洞口检查内容为：山体有无滑坡，岩石有无崩塌征兆，边坡、碎落台、护坡有无缺口、冲沟、潜流涌水、沉陷、塌落等，护坡、挡土墙有无裂缝、断缝、倾斜、鼓肚、滑动、下沉或表面风化，泄水孔是否堵塞，墙后有无积水，周围地基有无错台、空隙等。

洞门检查内容为：墙身有无开裂、裂缝（cracking），衬砌有无起层（delamination）、剥落（spalling），结构有无倾斜、沉陷、断裂，混凝土钢筋有无外露。

衬砌检查内容为：衬砌有无裂缝；衬砌表层有无起层、剥落，墙身施工缝有无裂缝、错台，有无渗漏水（water leakage），钢筋是否锈蚀（rust）。

外观检查方法主要采用步行和高空作业车辅助方式，配备必要的检查工具和设备进行目测或量测检查。检查时应尽量靠近结构，依次检查各个结构部位，注意发现异常情况和原有异常情况的发展变化，并采用数码相机、钢卷尺、裂缝测宽仪等工具进行数据采集，同时做好标记及记录。

2. 专项检测（Special Inspection）

隧道专项检测内容、方法、仪器见表 10-1。激光断面检测仪测量原理及其数据处理案例如图 10-3 和图 10-4 所示。

表 10-1　隧道专项检测内容、方法、仪器

(contents, methods, instruments of tunnel special inspection)

项目	内容	方法	仪器
裂缝监测（crack monitoring）	裂缝的位置、发展方向、宽度、长度、深度、开裂范围	裂缝宽度检测：采用裂缝宽度观测仪、读数显微镜在裂缝表面进行检测。裂缝深度检测：采用超声波检测仪（ultrasonic tester）对裂缝深度进行探查	钢尺、读数显微镜、裂缝观测仪、超声波测定仪、记号笔等

续表

项目	内容	方法	仪器
渗漏水检测 (water leakage detection)	渗漏水的位置，水量，是否浑浊、冻结及原有防排水系统的状态，漏水的水温，pH检测	目测及仪器检测	秒表、计量容器、pH试纸
衬砌断面检测 (lining section inspection)	内轮廓检测	断面仪检测	激光断面检测仪（图10-3、图10-4）、全站仪
衬砌质量 (lining quality)	衬砌厚度、强度，衬砌背后回填密实程度以及空洞或欠密实区的位置和大小	无损检测及抽芯检测	探地雷达(ground penetrating radar)、取芯设备、回弹仪(rebound instrument)、压力机
环境检测 (environmental testing)	粉尘含量	粉尘检测	粉尘检测仪(dust detector)
	瓦斯(gas)、CO_2浓度	瓦斯、CO_2浓度检测	光干涉甲烷测定器(optical interference methanometer)
	CO浓度	CO浓度检测	CO浓度检测仪
	噪声	噪声检测	精密声级计
	照度	照度检测	照度计
	风速	风速检测	风速计
	烟雾浓度	烟雾浓度检测	光透过率仪

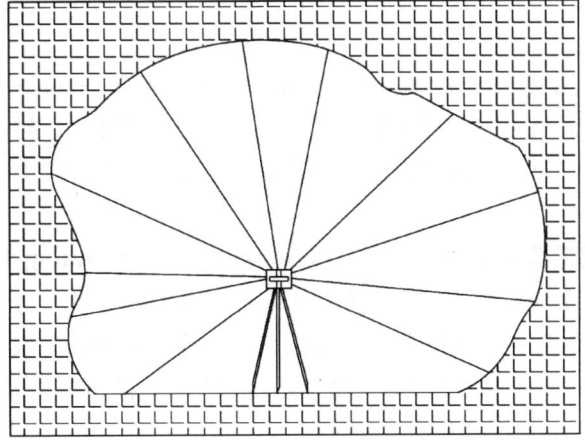

图10-3 激光断面检测仪测量原理（measuring principle of laser section detector）

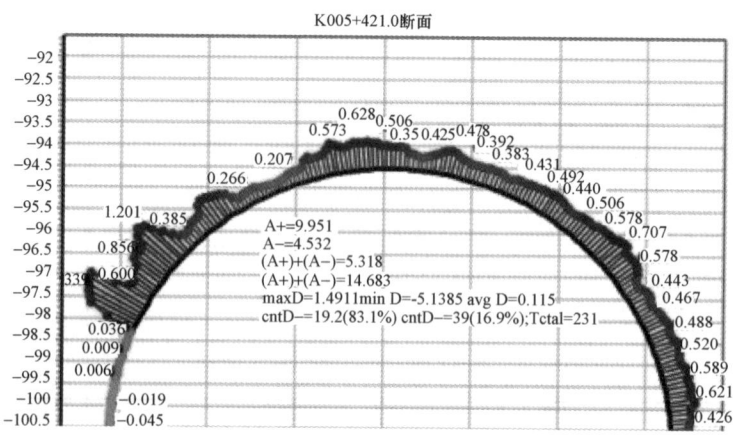

图 10-4　激光断面检测仪测量处理结果图（laser section detector measurement and processing results）

二、运营隧道检测技术（Detection Technology for Operating Tunnel）

1. 断面检测（Section Detection）

将激光断面检测仪架设在检测断面上对运营隧道轮廓进行检测，通过专业计算机软件对实测数据进行分析处理，得出隧道轮廓断面。通过与设计断面比较，可掌握隧道净空（tunnel clearance）是否侵限，从而对隧道开挖质量进行评价。

2. 二次衬砌混凝土质量检测（Quality Inspection of Secondary Lining Concrete）

隧道混凝土衬砌是重要的支护结构，是隧道结构内实外美的直接体现者。混凝土衬砌质量的好坏对隧道的长期稳定性、运营功能的发挥有着重要的影响。

隧道混凝土衬砌常见的质量问题包括：混凝土开裂（concrete fracture）、钢筋锈蚀、混凝土强度不够、衬砌厚度不足、衬砌表面渗漏水、衬砌背后充填不密实等。因此，必须对二次衬砌混凝土的强度、厚度及二次衬砌混凝土背后的空洞进行检测。

三、运营隧道安全评估（Safety Assessment for Operating Tunnel）

隧道病害的评价与判定是在对检测结果进行分析的基础上对病害进行的分析与预测，其主要内容包含成因分析、病害分类、等级判定和等级标准。我国公路隧道根据不同阶段的检查结果来确定隧道运营状态，判断标准见表 10-2 和表 10-3。隧道病害成因调查项目如图 10-5 所示。

表 10-2 日常、定期和特别检查结果的判定
(determination of routine, periodic and special inspection results)

判定分类 (classification)	检查结论 (inspection conclusion)
S	情况正常（无异常情况，或虽有异常情况但很轻微）
B	存在异常情况，但不明确，应做进一步检查或观测以确定对策
A	异常情况显著，危及行人、行车安全，应采取治理措施或特别对策

表 10-3 专项检查结果的判定
(determination of special inspection results)

判定分类	检查结论
B	结构存在轻微破损，现阶段对行人、行车不会有影响，但应进行监测或观测
1A	结构存在破坏，可能会危及行人、行车安全，应准备采取对策措施
2A	结构存在较严重的破坏，将会危及行人、行车安全，应尽早采取对策措施
3A	结构存在严重破坏，已危及行人、行车安全，必须立即采取紧急对策措施

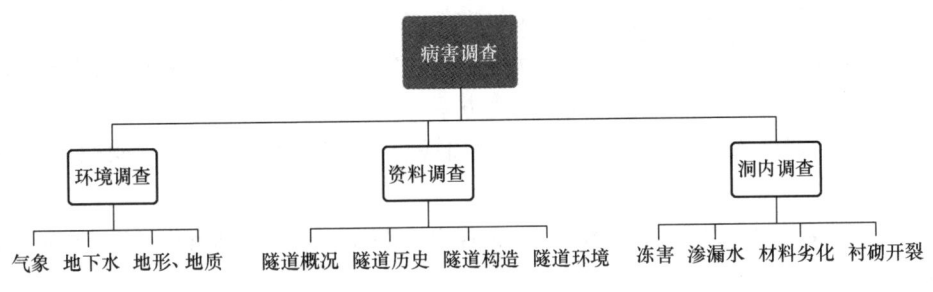

图 10-5 隧道病害成因调查项目（tunnel disease causes investigation project）

第三节 隧道的养护与维修（Maintenance and Repair for Tunnel）

一、运营隧道的检查（Inspection for Operating Tunnel）

隧道养护工作的范围包括：洞口外边仰坡、洞口减光坊工结构、洞门、洞身、洞内路面、排水系统以及通风、照明、标志、标线、监控、消防、防冻、消声等设施的检查、保养、维修和加固。隧道检查分为经常检查、定期检查和特别检查。

1. 经常检查（Regular Inspection）

经常检查的目的是系统地了解隧道结构的一般状态，发现病害并调查需要维

修的工作量。其以目测为主，每日一次，由隧道养护工区负责。

2. 定期检查（Periodic Inspection）

一般分为秋季大检查和春季大检查两次，用仪器和量具量测。短、中隧道由县级公路管理机构主管工程师组织检查，长、特长隧道由地级市公路管理机构主任工程师组织检查。

3. 特别检查（Special Inspection）

对于长大、构造复杂、有严重病害或病害有持续扩展趋势的隧道构筑物应进行特别检查，要规定出专门的检查制度，并定期分析观测结果。此外，当洞内发生交通事故、起火爆炸、自然灾害及结构严重损坏时，应及时进行特殊检查，其分工原则同定期检查。

隧道衬砌限界（contour limit of tunnel lining）检查。这是专门针对隧道衬砌限界所进行的全面检查，对铁路隧道尤为重要。铁路工务规章规定至少每5年检查一次，并记录存档，以便为以后隧道的改建和扩建提供技术资料。

二、运营隧道的维修技术
(Maintenance Techniques for Operating Tunnels)

对已经发生裂损的隧道，首先要查明哪些节段已经发生病害，有些节段虽尚未出现裂损，但也要判明它是否存在易发生裂损的条件。对已产生裂损的节段，应根据一定的观测坐标系观察和记录衬砌的变形、移动和开裂现况，必要时可通过凿探、地质雷达等辅助手段查找病害成因，掌握其变化动态。根据检测资料对裂损衬砌作稳定性分析，然后提出治理方案。

处理的措施有：围岩加固、衬砌加固或更换、洞内漏水治理、明洞病害整治等。

1. 围岩加固的工程措施（Engineering Measures to Stabilize Surrounding Rock）

（1）洞穴和超挖处理；

（2）换填（replacement）与跨越（stride across）。

2. 衬砌的加固措施（Reinforcement Measures for Lining）

衬砌的加固措施主要包括：

（1）衬砌背后压浆（grouting）加固；

（2）嵌补（inlaying）；

（3）套拱（umbrella arch），如图10-6所示；

（4）嵌钢拱架（steel embedded arch frame），如图10-7所示；

（5）全拱更换（whole arch structure replacement）；

（6）增设仰坡（front slope）或水平支撑（horizontal support）；

（7）锚喷加固（anchorage and shotcrete reinforcement），如图10-8所示。

第十章 运营隧道的养护与维修技术
Maintenance and Repair Technology for Operating Tunnel

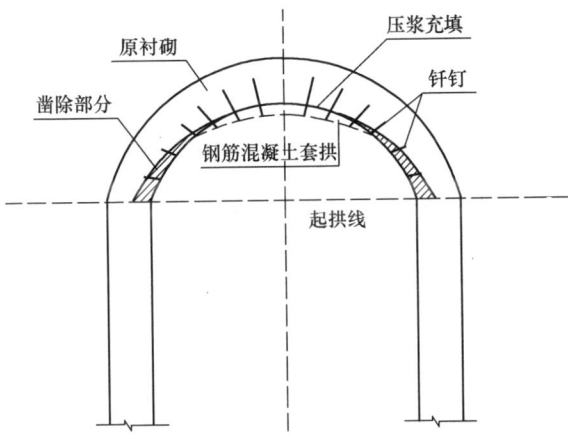

图 10-6 套拱施作示意图（schematic diagram of umbrella arch construction）

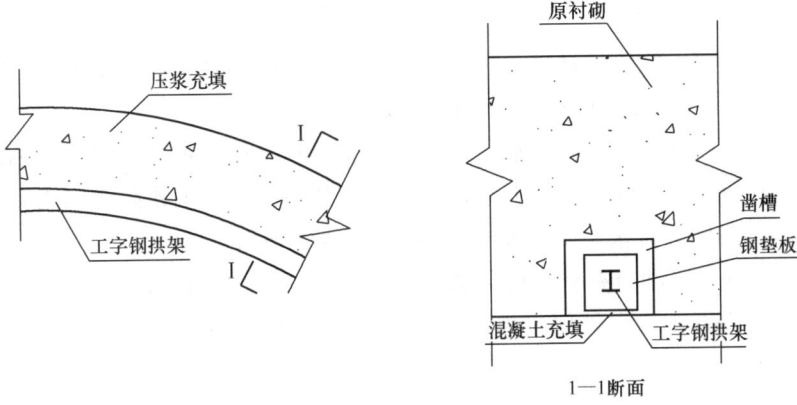

图 10-7 嵌钢拱架加固示意图（reinforcement diagram of steel embedded arch frame）

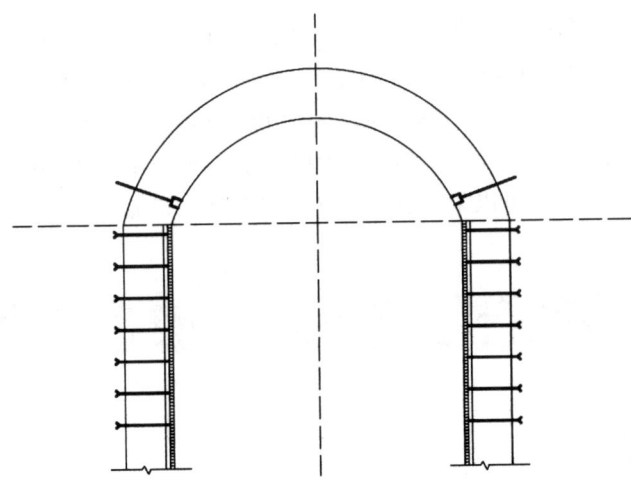

图 10-8 锚喷加固示意图（schematic diagram of anchorage and shotcrete reinforcement）

3. 洞内漏水整治（Water Leakage Control inside Tunnel）

运营隧道的漏水整治，除利用原有排水设施外，在不影响交通的情况下常采取以下措施：

（1）完善或者补充地表和地下截水。

（2）在垭口（mountain pass）和地质不利的地方采取截留和引排措施，使水远离隧道。

（3）贯通隧道内的原有排水系统（drainage system）。

（4）衬砌背面注浆，或在渗漏水的衬砌处加设排水设施，如引水管（penstock pipe）、泄水管（scupper pipe）和引水渡槽（diversion aqueduct）等，或引排和注浆相结合。

4. 明洞病害的整治（Defects Renovation of Open-cut Tunnel）

前述各病害整治方法也适用于明洞，针对明洞病害的特殊成因，还可采取下列防治措施。

（1）明洞顶上应按设计要求保持足够的填土厚度和良好的排水坡。对于滑坍堆积（landslide accumulation）要及时清除。

（2）已经损坏的失效的排水与防水设施应及时进行修理和加固。顶部回填土与边坡交接处增设截水沟。在其他部位，也要从防治病害的实际需要出发，有的放矢地增设必要的排水与防水设施，建立完善的治水系统。

（3）个别节段洞身有整体横向蠕动滑移（creeping slippage）时，可在明洞外侧增设抗滑挡墙，增大外侧抗滑回填土的体积，必要时设置抗滑桩（anti-slide pile）加固。

（4）根据实际观测（actual time of observation）和调查，有针对性地改建洞门墙，使其形状及尺寸适合拦挡落石和泥流，必要时可考虑接长明洞。

（5）当发现明洞边仰坡有不稳定趋势时，应有针对性地进行加固。主要措施有：对松散破碎的坡面进行喷浆固结（consolidation of spray），形成三合土（trinity mixture fill）捶面、干砌片石（dry masonry with chip-stone）或浆砌片石（mortar masonry with chip-stone）护面，必要时采用地表锚喷加固。对容易失稳崩落的大块危石，可以采用支顶或网喷锚等加固措施。

专业词汇汉英对照（Glossary）

专业词汇	拼音	英文
渗水	shènshuǐ	seepage

续表

专业词汇	拼音	英文
物理性侵蚀	wùlǐxìng qīnshí	erosion
化学性侵蚀	huàxuéxìng qīnshí	corrosion
冻胀	dòngzhàng	freezing-induced swelling
外观检查	wàiguān jiǎnchá	appearance inspection
专项检查	zhuānxiàng jiǎnchá	special inspection
风化	fēnghuà	weathering
混凝土开裂	hùnníngtǔ kāiliè	concrete fracture
隧道渗漏	suìdào shènlòu	tunnel leakage
三合土	sānhétǔ	trinity mixture fill
排水系统	páishuǐ xìtǒng	drainage system
引水管	yǐnshuǐguǎn	penstock pipe
泄水管	xièshuǐguǎn	scupper pipe
换填	huàntián	replacement
剥蚀	bōshí	denudation

思考题（Questions）

（1）隧道病害检测方法有哪些？
（2）如何评定隧道病害等级？
（3）隧道渗漏水应如何进行处置？

拓展阅读（Extensive Reading）

（1）隧道监测与检测

当前中国获取隧道状态的主要方式为人工抵近接触性检查，先进检测装备与技术普及率较低，检测效率与精度不高。近年来，随着隧道快速检测技术的长足发展，多种适用于不同类型病害检测的仪器设备应运而生。如在结构病害检测方面得到应用的数字图像、地质雷达、微震监测等；在隧道健康分析诊断方面得到探索的断裂力学、分形理论、层次分析法等新理论、新方法。目前隧道监测检测技术方面存在的主要问题包括：对于监测/检测数据，尤其是无损检测数据的解释、判识缺乏统一标准；隧道仰拱检测缺乏准确有效的技术手段；隧道检测车以衬砌表观状态检测为主，检测数据自动识别率较低。因而，未来隧道监测与检测的发展方向可分为以下几个方面：集成化检测、隧道内部状态非接触式快速无损检测、隧道复合变形快速精确测量、原位及地面移动精确检测、检测数据快速智能识别和多源检测数据信息化及管理平台等。

(2) 隧道工程设施的状态检测、评定

已投入运营的隧道工程由于受外围环境的影响、周边介质的变化和荷载的长期冲击及疲劳破坏，其结构状态和力学性能会发生变化。有可能是渐变，也有可能积累为突变。要保证运营安全，就必须对设施现状进行准确的检测和科学的评判。就我国目前的情况看，对隧道及地下工程设施进行实地检测的手段和状态评判的体系及标准等方面都需要做大量的、基础性的研究工作。

(3) 隧道工程设施的维护、修补技术

在隧道和地下工程设施基本结构完好的情况下，对其存在的缺陷和产生的病害进行恰当的修补，可以达到延长设施使用寿命和部分提高使用功能的效果。最常见的隧道病害类型包括衬砌开裂、渗漏水、衬砌剥落掉块、隧底下沉和翻浆冒泥、衬砌背后空洞、材料劣化、结构变形、冻害等。

当隧道结构出现大变形或承载力不足的情况时，应采取加固措施。目前所采用的加固方法主要有增大截面法、内张钢圈法、粘贴复合腔体法和钢板-混凝土组合加固法等。针对隧道不同的病害成因，各种加固方法在实践中有着不同的实际应用。

由于受天窗空间与时间制约，当前隧道病害处治与加固的工效低，难以达到标本兼治的效果。为此，应研发集病害检测、修复于一体的技术设备，开发快速修补新材料，将不同工艺所用机械进行综合集成以实现同步作业，用自动化和智能化的设备替代传统人工操作。

(4) 隧道衬砌裂损原因

混凝土结构出现开裂是其本身难以避免的、可接受的材料特征，对于隧道工程来说，只需运用科学有效的手段将其控制在允许范围内，就具有较高的经济价值与现实意义。隧道无论在施工阶段还是运营阶段均有可能产生裂缝，而产生裂缝的原因有多个方面，具体包括环境因素、设计因素、施工因素等。

参 考 文 献
References

[1] 《中国公路学报》编辑部. 中国交通隧道工程学术研究综述·2022[J]. 中国公路学报, 2022, 35(04): 1-40.

[2] 中华人民共和国住房和城乡建设部. 城市道路照明设计标准: CJJ 45—2015[S]. 北京: 中国建筑工业出版社, 2015.

[3] FOX, C B. STUDENTS'PAPER. THE CONSTRUCTION OF THE SIMPLON TUNNEL[J]. Minutes of the Proceedings, 2015, 140(1900): 249-266.

[4] 中华人民共和国住房和城乡建设部. 盾构法隧道施工及验收规范: GB 50446—2017[S]. 北京: 中国建筑工业出版社, 2017.

[5] 中华人民共和国住房和城乡建设部. 沉管法隧道施工与质量验收规范: GB 51201—2016[S]. 北京: 中国计划出版社, 2017.

[6] 国家市场监督管理总局, 中国国家标准化管理委员会. 综采综放工作面超前支护系统技术条件: GB/T 37611—2019[S]. 北京: 中国标准出版社, 2019.

[7] 中华人民共和国住房和城乡建设部. 工程岩体分级标准: GB/T 50218—2014[S]. 北京: 中国计划出版社, 2015.

[8] 中华人民共和国交通运输部. 公路隧道设计规范 第二册 交通工程与附属设施: JTG D70/2—2014[S]. 北京: 人民交通出版社, 2018.

[9] 田四明, 王伟, 杨昌宇, 等. 中国铁路隧道40年发展与展望[J]. 隧道建设(中英文), 2021, 41(11): 1903-1930.

[10] 秦峰, 王少飞, 肖博, 等. 截至2021年底中国10km以上特长公路隧道统计[J]. 隧道建设(中英文), 2022, 42(06): 1111-1116.

[11] NOSL, NOH S H, LEESP, et al. Construction of Long and Large Twin Tube Tunnel in Korea-sapae-san Tunnel[J]. Tunnelling & Underground Space Technology Incorporating Trenchless Technology Research, 2006, 21(3): 393-393.

[12] 国家铁路局. 铁路隧道设计规范: TB 10003—2016[S]. 北京: 中国铁道出版社, 2017.

[13] 中国铁路总公司. 铁路隧道监控量测技术规程: Q/CR 9218—2015[S]. 北京: 中国铁道出版社, 2017.

[14] 铁道部经济规划研究院. 铁路隧道钻爆法施工工序及作业指南: TZ 231—2007[S]. 北京: 中国铁道出版社, 2007.

[15] WANG P, WANG S, JIERULA A. Automatic identification and location of tunnel lining cracks[J]. Advances in Civil Engineering, 2021, 2021: 1-9.

[16] 马伟斌, 柴金飞. 运营铁路隧道病害检测、监测、评估及整治技术发展现状[J]. 隧道建设(中英文), 2019, 39(10): 1553-1562.

[17] 王石磊, 高岩, 齐法琳, 等. 铁路运营隧道检测技术综述[J]. 交通运输工程学报, 2020, 20(05): 41-57.

[18] 王明年,翁汉民,李志业.隧道仰拱的力学行为研究[J].岩土工程学报,1996(01):46-53.

[19] 王树英,傅金阳,张聪.盾构隧道工程[M].长沙:中南大学出版社,2022.

[20] 王勇,王国欣,李书渝.公路隧道施工成洞段 LED 照明优化设计研究[J].隧道建设(中英文),2019,39(04):651-660.

[21] 王梦恕,谭忠盛.中国隧道及地下工程修建技术[J].中国工程科学,2010,12(12):4-10.

[22] 王锋.隧道竖井及空间叉附属结构施工力学行为研究[D].成都:西南交通大学,2010.

[23] 申志军,李树忱,吴治家,等.运营隧道缺陷与病害整治技术[M].北京:人民交通出版社,2016.

[24] 田中裕治,吴晓铭.大断面公路隧道的设计与施工:东名线改建三车道隧道采用中壁施工法[J].现代隧道技术,1990(2):14-23.

[25] 田四明,王伟,杨昌宇,等.中国铁路隧道40年发展与展望[J].隧道建设(中英文),2021,41(11):1903-1930.

[26] 白桦.某高速铁路水下隧道线路平纵断面方案研究[J].铁道标准设计,2010,585(12):78-82.

[27] 白锦琳.可控源音频大地电磁法在采空区探测中的应用[J].山东国土资源,2018,34(09):82-86.

[28] 吕志强,雷宛,肖宏跃.瞬变电磁法在隧道超前预报中的应用[J].勘察科学技术,2010,168(06):57-59.

[29] 刘玉.隧道超前预报技术应用取得新突破[N].科技日报,2007-03-15(11).

[30] 刘招伟,张民庆,王树仁.岩溶隧道灾变预测与处治技术[M].北京:科学出版社,2007.

[31] 刘宣宇,邵诚.盾构机自动控制技术现状与展望[J].机械工程学报,2010,46(20):152-160.

[32] 刘辉,李波,彭川,等.岩溶隧道掘进时地下附属结构的监测分析[J].公路交通科技,2010,27(04):105-109.

[33] 关宝树.隧道工程施工要点集[M].北京:人民交通出版社,2011.

[34] 阳生权,阳军生.岩体力学[M].北京:机械工业出版社,2008.

[35] 严金秀.世界隧道工程技术发展主流趋势——安全、经济、绿色和艺术[J].隧道建设(中英文),2021,41(05):693-696.

[36] 李天斌.汶川特大地震中山岭隧道变形破坏特征及影响因素分析[J].工程地质学报,2008,16(06):742-750.

[37] 李文江.大跨隧道的研究[D].成都:西南交通大学,2001.

[38] 李松涛,谭忠盛,杜文涛.特大断面小净距公路隧道力学效应分析[J].土木工程学报,2017,50(S2):292-296.

[39] 李德武.隧道[M].北京:中国铁道出版社,2004.

[40] 杨晓杰，刘冬明，张帆，等．地铁隧道明挖法施工基坑支护稳定性研究[J]．地下空间与工程学报，2010，6(03)：516-520．

[41] 何川，封坤，方勇．盾构法修建地铁隧道的技术现状与展望[J]．西南交通大学学报，2015，50(01)：97-109．

[42] 何发亮，张玉川．隧道施工地质灾害与不良地质体及其预报[M]．成都：西南交通大学出版社，2011．

[43] 张川，左永江，杨春满．水平管棚超前支护施工技术的研究与应用[J]．煤炭科学技术，2000(11)：36-38．

[44] 张飞涟，吴喆，王小兰，等．复杂艰险地区铁路隧道钻爆法施工安全风险评估[J/OL]．铁道科学与工程学报：1-11［2023-02-12］．https://doi.org/10.19713/j.cnki.43-1423/u.T20220923．

[45] 张俊儒，吴洁，严丛文，等．中国四车道及以上超大断面公路隧道修建技术的发展[J]．中国公路学报，2020，33(01)：14-31．

[46] 张素磊．隧道工程勘察设计[M]．北京：人民交通出版社，2021．

[47] 张铁柱．四车道特大断面小净距公路隧道力学响应分析[J]．土木工程学报，2015，48(S1)：302-305．

[48] 陈志敏，欧尔峰，马丽娜．隧道及地下工程[M]．北京：清华大学出版社，2014．

[49] 陈松．铁路黄土隧道洞口设计要点探讨[J]．山西建筑，2018，44(07)：170-171．

[50] 邵珠山，席慧慧，乔汝佳，等．运营隧道衬砌裂损与治理修复措施研究综述[J]．现代隧道技术，2022，59(04)：29-39．

[51] 邵珠山，席慧慧，乔汝佳，等．运营隧道衬砌裂损与治理修复措施研究综述[J]．现代隧道技术，2022，59(04)：29-39．

[52] 欧阳林，张如九，刘耀儒，等．深埋隧洞岩爆防控技术及典型工程应用现状综述[J]．长江科学院院报，2022，39(12)：161-170．

[53] 郑颖人，阿比尔的．岩质隧道围岩稳定分析与分级研讨[J]．现代隧道，2022，59(01)：1-1(3)．

[54] 赵永贵，蒋辉，赵晓鹏．TST 隧道地震 CT 地质超前预报技术及应用(英文)[J]．Applied Geophysics，2006(02)：69-74＋130．

[55] 赵虎，王玲辉，李瑞，等．大地电磁测深法在高原特长隧道勘查中应用研究[J]．地球物理学进展，2014，29(05)：2472-2478．

[56] 赵勇，李国良，喻渝．黄土隧道工程[M]．北京：中国铁道出版社，2011．

[57] 段玉良，孙巧燕，王晓明，等．公路隧道景观照明设计[J]．隧道建设(中英文)，2019，39(S2)：283-293．

[58] 洪开荣，冯欢欢．近2年我国隧道及地下工程发展与思考(2019—2020年)[J]．隧道建设(中英文)，2021，41(08)：1259-1280．

[59] 祝志恒，傅金阳，阳军生．隧道开挖支护质量3DZI检测技术及应用研究[J]．中国公路学报，2020，33(12)：176-189．

[60] 祝志恒，阳军生，傅金阳，等．隧道工程结构物计算机视觉检测技术[M]．北京：机械

工业出版社，2022.

[61] 中国铁路工程总公司年鉴编委会. 中国铁路工程总公司年鉴2008[M]. 北京：中国铁道出版社，2009.

[62] 顾国明，陆运. 我国城市地下铁道施工技术综述[J]. 现代隧道技术，2005(06)：6-13.

[63] 钱波. 不良地质条件隧道施工技术[M]. 北京：中国水利水电出版社，2012.

[64] 徐博. 基于BIM技术的隧道洞口二三维同步设计方法研究[J/OL]. 铁道标准设计：1-8[2023-02-14]. https://doi.org/10.13238/j.issn.1004-2954.202207040007.

[65] 高军. 图解铁路隧道辅助施工作业安全[M]. 北京：中国铁道出版社，2012.

[66] 高玮. 隧道工程[M]. 北京：科学出版社，2022.

[67] 郭陕云. 我国隧道和地下工程技术的发展与展望[J]. 现代隧道技术，2018，55(S2)：1-14.

[68] 郭春，宋骏修，王欣，等. 矿山法施工隧道粉尘控制技术研究现状及进展[J]. 隧道建设(中英文)，2020，40(S1)：68-74.

[69] 唐协，林国进，何佳，等. 米仓山隧道利用通风井辅助施工方案设计与实践[J]. 现代隧道技术，2020，57(04)：12-19.

[70] 黄伦海，蒋树屏，张军. 公路隧道洞口环保型设计施工现状及展望[J]. 地下空间与工程学报，2005(03)：455-459.

[71] 崔慧珊，陈济丁，裴文文. 公路建设节约用地的基本做法和经验[J]. 交通建设与管理，2007，302(04)：25-28.

[72] 彭立敏，王薇，张运良. 隧道工程(铁道工程方向)[M]. 武汉：武汉大学出版社，2014.

[73] 彭立敏，施成华. 隧道工程[M]. 2版. 长沙：中南大学出版社，2017.

[74] 彭斌，祝志恒，阳军生，等. 基于全景展开图像的隧道衬砌渗漏水数字化识别方法研究[J]. 现代隧道技术，2019，56(03)：31-37+44.

[75] 傅金阳，徐光阳，杨曾，等. 高地温隧道衬砌混凝土早期开裂机理及防控措施[J]. 铁道学报，2022，44(03)：105-114.

[76] 谢永利. 隧道工程[M]. 重庆：重庆大学出版社，2015.

[77] 中铁情报. 隧道的定义及分类[J]. 隧道建设(中英文)，2022，42(07)：1166.

[78] 严金秀. 世界隧道工程技术发展主流趋势：安全、经济、绿色和艺术[J]. 隧道建设(中英文)，2021，41(5)：693.